티벳 사자의 서(書)-죽음 후에 쉽게 대 자유를
성취하는 법(法)

티벳 사자의 서(書)-죽음 후에 쉽게 대 자유를 성취하는 법(法)

발 행 | 2024년 03월 14일
저 자 | 월담(月潭) 주만식
펴낸이 | 한건희
펴낸곳 | 주식회사 부크크
출판사등록 | 2014.07.15.(제2014-16호)
주 소 | 서울특별시 금천구 가산디지털1로 119 SK트윈타워 A동 305호
전 화 | 1670-8316
이메일 | info@bookk.co.kr

ISBN | 979-11-410-7645-0

www.bookk.co.kr

[목차]

1. 서문(Introduction)

"티벳 사자의 서(書)(The Tibetan Book of the Dead)"
는 티벳의 신비로운 경전 중에서도 가장 신비로운 경전이
라고 할 수 있겠다.
사람이 죽으면 임종(臨終)으로부터 다시 환생(還生)할 때까
지 걸리는 시간이 49일이라 한다.
이 49일 동안을 중음기(中陰期)라 부른다.
이 중음기 49일 3 단계의 현상으로 구분된다.
즉, 임종의 순간의 중음기, 존재의 근원을 찾는 중음기 그
리고 마지막으로 환생을 준비하는 중음기로 나누어진다.
이러한 3단계의 중음기에는 그 중음기에서 나타나는 현상
이 다르다. 그래서 각각의 중음기의 특징에 따른 현상을
직시하고 올바른 대처를 하여야 한다.
이렇게 각 단계 별로 일어나는 현상들을 무서워하지 말고
그것들이 바로 자신의 마음에서 만들어진 것이 바깥 세상
으로 투사되었다고 생각하면 곧 사자(死者)는 해탈(解脫)을
하여 대 자유(大自由)를 누리는 존재가 된다는 것이다.

 즉, 각 중음기마다 다르게 나타나는 현상들을 이해하고
대처하는 공부를 미리 살아 생전에 해 둘 필요가 있는 것
이다. 이와 같이 사자(死者)가 중음기의 각 단계에서 일어
나는 현상들을 잘 알고 그 현상들이 자기 자신이라고 생각
을 하고 반갑게 인식을 한다면 사자는 즉시 해탈(解脫)을
하여 영원한 자유의 세계에 들어가게 되는 것이다.
이런 자유의 세계가 불교가 추구하는 궁극적 세계인 열반

(涅槃, Nirvana)인 것이다.

이와 같이 중음기의 각 단계에서 사자의 눈앞에 나타나는 현상에 대응하는 방법에 따라서 고통스러운 윤회(輪廻)를 하느냐 아니면 곧 바로 해탈을 하여 극락세계(極樂世界)로 가느냐 하는 중요한 문제가 결정되는 것이다.

"티벳 사자의 서(書)"는 살아생전에 불교 공부와 수행을 게을리 했더라도 죽음의 순간에 스님이나 동료가 들려주는 티벳 사자의 서(書)의 기원문을 낭독하는 소리를 듣고 그대로 따라서 중음기에서 일어나는 현상에 대처한다 면 곧 바로 쉽게 해탈(Moksha)을 하게 된다는 것이다. 그래서 살아 생전에 깊은 공부와 수행을 하지 않았더라도 오히려 중음기에서 이 티벳 사자의 서(書)의 가르침을 따라 한다면 중음기에서 살아 생전 보다 더 쉽게 해탈을 할 수 가 있다는 말이다. 왜 그러냐 하면 중음기에서의 사자(死者)의 의식은 살아 있 는 사람보다 9배가 더 명료하게 되어 티벳 사자의 서의 내 용을 쉽게 이해함으로서 해탈을 쉽게 하는 것이다.

분명히 이 "티벳 사자의 서(書)"는 대부분 불교 공부와 수 행을 게을리한 사람에게는 축복과 같은 경전이다. 이 경(經)의 원래의 뜻인 "한 번 들음으로 해서 영원한 자 유에 이르는 길"과 같이 이 경(經)은 중음기(中陰期)에서 우리 중생들이 쉽게 해탈(解脫, Moksha)을 하는 방법을 가르쳐 주는 고귀한 경전이다.

2. 첫 번째 깨달음-공(空)의 체험과 그 도리(道理)

한 20년도 더 된 것 같다.
이런저런 수행을 하다가 수월(水月)스님 이라는 분의
깨달음에 대한 일화를 읽게 되었다.
몸에서 대 방광(大 放光)이 일어나는 굉장한 도인이셨다.
일화로 이 큰 스님께서 지리산 꼭대기에서 선정에 드셔서
방광(放光)을 하면 산 밑에 사는 주민들이 큰 산불이 난 줄
알고 불을 끄려고 산 위로 몰려올 정도라고 했다.
그래서 나도 이 수행법을 시작했다.
바로 잘 아시는
"신묘장구대다라니(神妙長句大多羅尼)"독송이었다.
꽤 긴 주문(呪文)같은 것이라고 할 수 있다.
주력(呪力) 수행이라고 한다.

입으로 이 긴 주문을 염송하기도 했지만, 주로
마음속으로 독송을 했던 기억이 난다.
한 3년 정도 밤낮으로 오나가나 앉으나 서나 그렇게
끊임없이 이 신묘장구대다라니 수행을 했다.
어디를 가거나 언제 어디서나 가리지 않고
신묘장구대다라니만 염송하고 독송했다.

그런데 어느 날 밤에 희안한 일이 벌어졌다.

그날도 주문을 독송하고 있는데, 집중이 굉장히 잘 되는 것을 느꼈다.

그리고 다음 순간 못으로 두 눈을 고정시킨 것과 같은 느낌이 들었다.

삼매(三昧)에 들어가는 순간이었다.

처음에 몸이 사라졌고. 그리고 다음에는 마음이 다 사라졌다.

그리고 마지막으로 주위에 있다고 느꼈던 모든 것들이 다 사라지는 것이었다.

우주 삼라만상이 다 사라진 것이었다.

 주관 세계와 객관 세계가 다 사라진 것이었다. 그리고 모든 것이 하나가 된 삼매(三昧)였다.

그리고 그것이 곧 공(空)의 세계라는 것을 알 수 있었다.

물론 이것은 수행법이나 개인에 따라서 달라질 수가 있다.

하옇튼 마음속의 눈(心眼)에 아무것도 없이 텅 텅 비어 있는 것을 볼 수 있었다.

온 우주 천지가 다 텅 텅 비어 있었다.

나도 없고, 내 마음도 다 사라져 버렸고, 모든 것이 텅 텅 빈 공(空)의 세계만이 남아 있었다. 이것이 내가 없는 아공(我空)이고 또한 모든 세계가 사라진 법공(法空)인

것이다. 결국 주관세계인 나와 객관세계인 우주
삼라만상이 다 사라진 진공(眞空)인 것이다.
아무것도 없는 텅 텅 빈 공성(空性)의 세계였다.

  그리고 그냥 텅 빈 공(空)만 있는 게 아니었다.
그 공(空)과 함께 이 세상에서는 느낄 수 없는 편안함이
몰려왔다.
평소에 기분이 좋을 때 느끼는 것의 수십 배 또는 그
이상의 편안함이었다.
그건 말로 표현 못한다. 그리고 무한한 평화로움을 느꼈다.
그리고 말도 못할 희열(지복 至福)이 있었다. 또한
행복감도 말할 수 없이 느끼게 되었다.

  그것만이 아니다. 그런 가운데 그런 공(空)과 그런
희열과 평화를 느끼는 내가 있었다. 그렇다.
공적영지(空寂靈智)다. 텅 빈 가운데 신령스러운 앎…
그렇다! 텅 텅 비고 아무것도 없는 가운데 말로 표현할 수
없는 평화와 행복과 지복(至福)을 느끼는 내가 있었다.
하여튼 무지하게 좋았다. 정말 극락(極樂)에 온 것 같은
그런 느낌이었다.

그런 편안함과 행복함을 느끼고 있을 뿐 육체는 전혀
느껴지지 않았다.

그런 상태로 편안하게 몇 시간이고 앉아 있을 수 있었다.

10 시간도 불편함 전혀 느끼지 않고 앉아 있었다.

밤을 지새우고 아침이 오면 조금 몸의 감각을 느끼게
되었다.

얼마든지 더 앉아 있을 수 있었지만 아침이 되면
일어났다.

그렇게 한 3 개월 밤에는 그렇게 지냈다.

정말 무한한 평화와 행복감, 그리고 지복(至福)을 누렸다.

 하옇튼 이렇게 3 개월 동안 밤에 삼매에 드는 경험을
하다가, 제 자신이 이게 공(空)인지는 알았지만 이 상태를
확실히 알기 위해서 그 당시 주력(呪力)수행을 하시던
분들에게 물어보았다.

그 중에서 그 당시 조계종에서 주력 수행에서는 최고라고
인정하던 어떤 보살님에게 연락을 해서 물어봤다.

이분은 능엄주(楞嚴呪)를 하셨던 것 같다.

신묘장구대다라니보다는 3~4 배 긴 주문이다.

그런데 이 분 말씀이 내가 경험한 것 별것 아니라고 했다.

그저 마음이 편안한 것 뿐이라는 것이다.

그 당시에는 각종 수행을 하시는 재가자(在家者) 분들이 많이 있었다.

그래서 또 다른 주력(呪力) 수행을 하시는 분들에게 물어보았다.

대부분 보살님들 이셨던 것 같다.

이 분들이 제가 경험한 것이 별 신통치 않은 거라고 말씀들 하셨다.

나중에 생각해보니 이 분들께서 잘 모르시고 하신 말씀이셨다.

그저 평범하게 주문을 외우는 정도의 수행을 하시는 분들인데 말이다.

내 자신이 많이 순진하고 멍청했던 것 같다.

이런 분들 말을 믿고 이 "신묘장구대다라니" 수행을 그만 뒀으니까 말이다.

조그만 경험에도 착각 도인이 돼서 설치는 분들도 많은데...

그래서 나는 이 주력(呪力) 수행을 그만두고 참선을 하기
시작했다.

참 멍청했던 것 같다. 제대로 이끌어 주는 스승만
있었으면 이 주력 수행을 계속해서 끝을 볼 수가 있었는데
하는 아쉬움이 많이 든다. 그 후로 참 많은 선지식을
찾아다니면서 참선을 했다.

한 20년간 여기저기 다니면서 참선 공부를 했던 것 같다.
그리고 어느 날 밤 좌선하고 있다가 크게 느낀 바가
있었다.

그런데. 이렇게 하는 도중에 알게 되었다.

아~그때 신묘장구대다라니 주력수행(呪力修行)을 할 때
삼매에 든 것이

큰 깨달음이었다는 것을 알게 되었다.

참 순진하고 멍청했던 것 같다.

3개월 동안 밤에 8시간씩 공삼매(空三昧)에 들어간 것은
사실 큰 깨달음인 것이다

보통 깨달음은 찰나지간에 온다고 한다.

그 자리를 찰나지간에 깨닫는 것이다.

그러나 나의 신묘장구대다라니 수행은 오래동안 그
공성(空性)의 자리에 푹 잠겨 있는 큰 깨달음인 것이다.
공삼매(空三昧)에 오래동안 들어가 있는 것이었다.

물론 그 깨달음의 깊이도 한 순간, 찰나지간에 깨닫는
것하고는 비교도 안된다.

3. 두 번째 깨달음-나는 누구인가?

　나는 누구인가? 진짜 나는 누구인가?
어디서 와서 어디로 가는 것인가?
이것이 의식하든 의식하지 않고 살아가든 우리 인간이
가지고 있는 가장 근본적인 물음인 것이다.
결국 이것이 동양과 서양의 모든 철학과 종교가 추구해 온
의문이고 또 이 의문에 대한 해답을 제시해 주는 것이
모든 철학과 종교의 목적이라고 할 수 있겠다.

　"나는 누구인가? 나는 어디서 와서 어디로 가는
것인가?"
여기에 대해서, 1980년 초에 열반하신 통도사
큰스님이셨던 경봉(鏡峰) 대선사의 오도송(悟道頌.
깨달음의 노래)을 소개해 드리고자 한다.

"아시방오물물두　我是訪吾物物頭
목전즉견주인루　目前卽見主人樓
가가봉착무의혹　呵呵逢着無疑惑
우발화광법계류　優鉢花光法界流"

"내가 나를 온갖 것에서 찾았는데
지금 눈앞에 주인공이 나타났네
허허 이제야 만나 의혹이 없으니
우담바라 꽃빛이 온 누리에 흐르도다."

  어느 새벽에 고요히 앉아서 선정에 들어셨다가 홀연
당신의 진면목(眞面目)을 깨닫고 위와 같은 나를 찾은
기쁨의 노래를 읊으신 것이다.
이 나를 찾은 기쁨이 어떻게나 좋았던지 경봉스님께서는
이후 3일 주야(晝夜)를 마당에 있는 연못 주위를 춤을
추면서 빙빙 돌았다고 한다.

 이번에는 제가 오래전에 "이 뭣고"화두를 참구 하면서
고요히 앉아 있다가 느꼈던 희열(喜悅)을 읊은 노래를
소개해 드리고자 한다.
참선으로 깨달은 오도송(悟道頌)이다.

"제상본래일 諸相本來一
일역귀제상 一亦歸諸相
상비상불이 相非相不二
일이상동명 一而相同命"

"모든 상(相, 모습, 형태)는 본래 하나(근본, 공空)에서 나온다.

또한 이 하나도 모든 상(相, 우주의 각각의 형태)으로 돌아간다

이와 같이 형태(相)와 공(空)은 둘이 아니다

하나(근본, 空)와 형태(相, 우주 삼라만상)는 같은 하나의 생명체이다."

그렇다!

우리가 사는 이 세상(相 즉 형태의 세계)이 나온 그 근본은 하나(一), 즉 공(空)인 것이다. 즉, 공(空)에서 이 세계가 창조되었다고 하는 말이다.

그런데 왜 이 공(空)의 세계가 하나라고 표현될까?

그것은 이 근본 공(空)의 세계는 우리가 사는 이 각각의 형태가 존재하는 그러한 것이 아니라 아무런 형태가 없는 그야말로 텅 빈 공(空) 하나만의 상태가 존재하기 때문인 것이다. 실재(實在)로 이 공(空)의 세계는 아무것도 없는 텅텅 빈 자리인 것이다.

그러나 또한 이 하나의 공(空)도 우리가 사는 이 모든 상(相)이 있는 세계로 나타나지 않을 수 없는 것이다.

여기에 대해서는 많은 설명이 있을 수 있겠지만, 그저 공(空)의 성품이 그러하다는 것이 가장 간단한 대답이 될 수 있지 않나 생각해 본다.

그러므로 이와 같이 우리가 사는 이 형태의 세계(相)와 형태가 없는 텅 빈 공(空)의 세계는 같은 것이라고 할 수 있다.

그래서 결론적으로 공과 우리의 세계는 같은 한 생명 덩어리인 것이다.

 그런데 과연 우리는 무엇일까?

바로 공(空) 그 자체가 나인 것이다.

또한 이 세계 자체가 나라고 할 수 있는 것이다.

그리고 이 공(空)과 이 세계(相), 즉 우주 법계(法界) 모두가 나인 것이다.

그래서 우리 불교에서는 내가 부처라고 하고 또한 우리 각자 개개인이 다 부처라고 하는 것이다.

    그래서 결론적으로 말씀드리자면 내가 곧 우주 그 자체 라는 것이다. 우주의 주인이라는 것이다.

그래서 우리는 모두 이 우주에서 걸릴 것이 없는 지존(至尊)의 존재인 것이다.

말하자면, 대 자유(大 自由)의 존재라고 할 수 있는
것이다.

4. 공(空, Emptiness)과 열반(涅槃, Nirvana)의 세계

"신묘장구대다라니"와 "참선" 수행을 통하여 체험한 공(空)의 세계를 설명해 보고자
한다. 결국 수행을 해서 공(空)을 체험해 보면 그 공(空)이 또한 열반(涅槃)의 세계임을 안다, 즉, 공(空)과 열반(涅槃)은 같은 것이다.
이런 견지에서 공(空)과 열반(涅槃)의 세계를 조금 설명해 보고자 한다.
물론 이 무형(無形)의 공성(空性)의 진리를 말로 도저히 표현할 수가 없는 것이다.
그러나 체험자의 입장에서는 아주 일부분의 진실은 설명할 수가 있다.
전혀 설명하지 않는 것 보다 이렇게 작은 일부분이라도 설명하는 것이 불교를 공부하고 수행하시는 분들에게 도움이 되지 않나 생각하여 설명해 보고자 한다.

공(空, Emptiness)과 열반(涅槃, Nirvana)의 세계

"텅 텅 비고 고요하고 고요하다. 아무것도 없다. 그저 텅 텅 비어 있다. 마음이 편안하고 편안하다. 이루 말할 수 없이 편안하고 편안하다. 무한한 자유와 행복과 평화가 넘실거린다. 이루 말로 형용할 수 없는 축복과 희열이 넘친다. 형용할 수 없는 황홀경(Ecstacy)속에 잠겨 있다. 아무것도 없는 텅 텅 빈 세계이다. 정말로 텅 텅 비어 있다. 아무것도 존재하지 않는다.

이 세계는 영원이 곧 순간이다. 그리고 영원이 한 순간이다.

그렇게 텅 텅 비어서 황홀경을 느끼면서 영원히 존재한다. 불생불멸의 존재로서 그렇게 순간이면서 영원히 존재한다.

이 세계에서는 모든 것이 하나로 융합되어 있다. 개별적인 것은 하나도 없다.

개별적인 영혼도 없고 사후생(死後生)도 없으며 환생도 없고 윤회도 없다. 고통스러운 환생과 윤회가 끝나고 영원히 지복(至福)과 황홀경 속에서 존재한다.

영원히 이러한 축복과 자유와 평화와 행복과 황홀경 속에서 우주와 함께 영원히 존재한다. 죽지 않는 존재, 불멸자(不滅者)가 되어 영원히 존재한다.

내가 바로 부처이고 신이다. 영원한 평화와 행복과 황홀감 속에서 영원을 사는 존재가 되었다. 태어남도 죽음도 없다. 슬픔도 고통도 영원히 사라져 버렸다. 오직 영원한 행복과 평화와 자유가 있을 뿐이다. 영원한 존재가 되었다. 영원한 삶! 영생자(永生者), 불멸자(不滅者)가 되었다.“

5. 불법(佛法)의 끝은 어디인가? 수행의 끝은 어디인가?

불법(佛法)의 진리는 깊고도 깊다.
보통의 생각으로는 도저히 이해할 수가 없다.
그 곳은 모든 사량분별(思量分別)로서는 도달 할 수가 없
는 곳이다.
우리의 생각을 다 끊어야 갈 수 있는 곳이다.
한 생각이라도 남아 있으면 갈 수가 없다.
일념(一念) 마저도 다 끊어야 한다.
철저한 무념(無念)이 되어야 한다.
그러면 이러한 자리는 어떤 곳인가?
공성(空性, Emptiness)의 자리인 것이다.
아무것도 없는 텅 텅 빈 자리이다.
그러나 또한 무한한 자유와 평화와 행복이 있는 곳이다.
말할 수 없는 기쁨이 있는 곳이다.
황홀한 자리이다.
불생불멸(不生不滅)의 영원한 행복의 자리이다.
이 자리가 바로 완전한 부처의 자리인 것이다.
이 자리는 윤회(輪廻, Samsara)가 끊어진 자리이다.
열반(涅槃, Nirvana)의 자리이다.
영원한 자리이다.
이것이 부처님이 가신 곳이다.
이곳이 바로 궁극적 진리의 자리이다.
어렵고도 어렵다.
바로 이것이 불법(佛法)이다.
결코 가볍게 생각하지 말아야 할것이다.

그렇다면 어떻게 해야 이 자리에 당도할 수가 있는가?

불교에는 수많은 수행법(修行法)이 있다.

모든 길은 로마(Rome)로 통하듯이 모든 수행법도 이 자리로 통한다.

다만 수행자가 얼마나 열심히 그 길을 가는 가 하는 것이 문제이다.

열심히 길을 걷다 보면 반드시 로마(Rome)에 당도할 수 있다.

6.윤회(輪廻, Samsara)를 끊고 열반(涅槃, Nirvana)을 성취하다.

 몇 달 전의 일이다.
여느 일요일처럼 아내와 함께 봉은사(奉恩寺)에 저녁 예불을 가는 날이었다.
아침에 늦게 일어나는데 "아! 이제 윤회가 끝났구나" 하는 생각이 들었다.
그리고는 오후에 봉은사에 저녁 예불을 올리려고 법당에 도착했다.
갑자기 울음이 쏟아진다. 온 몸으로 흐느껴 울었다.
온 몸에 피로감이 몰려온다. 그리고 알게 되었다.
"아! 이제 윤회가 끝났구나."
비로소 무수억만겁의 윤회를 끊었다는 안도감이 몰려왔다.
그동안 수많은 생(生)을 수행자로서 수행하면서 쌓였던 피로가 한꺼번에 밀려오는 듯 했다.
그리고 저절로 알게 되었다. 윤회의 생(生)이 끝나고 열반을 성취했음을 온 몸으로 느끼게 된 것이다.

20여 년 전 깊은 수행을 하던 도중 공삼매(空三昧, Emptiness Samadhi)에 든후, 3 개월 동안 밤마다 8시간씩 공성(空性)의 그 자리에 들어서 보내게 된 것이다.
그러나 그때 까지는 윤회를 끊고 열반을 성취했다는 생각은 없었다.
그래서 아직 수행을 더 해야 한다는 생각을 가지게 되었다.

그후 여러 방면으로 공부도 하고 수행도 했다.

참 열심히도 했다는 생각이다.

그 이후 하루도 편안하개 쉬어 본 적이 없다.

오직 남은 수행을 더 해야겠다는 생각 뿐이었다.

그 이후의 공부와 수행은 주로 내가 경험한 공삼매(空三昧)를 경전등를 통해서 더욱 더 확고하게 만드는 것이었다.

 인도의 힌두교를 비롯해서, 티벳의 밀교 공부와 수행을 했다.

그리고 대승경전을 전부 공부했다.

가장 오래동안 공부하고 수행한 것은 선(禪)이었다.

아마, 20년 이상은 선(禪) 수행을 했다.

선(禪)에 관한 한 어느 대 선사라고 하는 분도 도전하시라!

하하!

이러한 것이 바로 깨달은 뒤에 하는 보림수행(保任修行)이다.

누가 돈오돈수(頓悟頓修)라고 했던가?

전혀 모르는 소리다.

깨달음 이후로도 엄청난 공부와 수행을 해야지 비로소 마지막 경지를 터득할 수 있다.

하옇튼, 이것이 바로 생사해탈(生死解脫)이다.

단지 이 세상에서 죽음을 두려워하지 않는 것이 생사해탈이 아니다.

윤회를 끊어서 다시는 태어나지 않는 것이 진정한 생사해탈이다.

이것이 바로 대 자유(大自由, Great Liberation)이다.

공성(空性, Emptiness)의 자리와 열반(涅槃, Nirvana)의 자리를 성취했을 때에만 대 자유를 얻을 수 있는 것이다.

부처님이 마지막 말씀을 하셨다.
"나의 윤회의 생(生)은 끝났다. 나는 열반(涅槃)에 들것이다. 나는 다시 태어나지 않을 것이다."
이것이 진정한 불교이다.
"열반(涅槃)을 성취하는 것"이 말이다.
조금 깨쳤다고 자만하지 말라.
대문을 열고 그 안을 잠시 본 것 뿐이리라.
대문을 열고 집안에 들어가서 밥 먹고 잠자고 생활을 해야지 비로소 대도(大道)를 성취한 것이다.
깨달았다고 큰 소리 쳐도 사실 알고 보면 죽어서 어디로 가는지도 모른다.
그러니 자만하지 말고 열반을 성취할 때 까지 열심히 노력을 해야 할 것이다.
부처님이 말씀하셨다.
"나는 단지 길을 가르쳐 줄 뿐이다. 그 길을 가는 것은 각자가 할 일이다."
그렇지 않은가?
수행은 오직 각자가 열심히 해야 한다. 다만 부처님은 그 길을 제시해 줄 뿐이다. 나 역시 길 안내만을 해 줄 뿐이다.

7. 사후(死後)의 세계-존재하는가? 존재하지 않는가?

우리가 죽으면 그 후(後)의 세계, 즉 사후의 세계가 존재하는가?
이 문제는 다음과 같은 4가지의 범주로 크게 나눌 수가 있겠다.
이러한 분류는 죽음학의 권위자이신 최준식 교수님의 명쾌한 분류법을 따라 본다.

첫째가, 죽음 후에는 몸도 마음(영혼)도 모두 다 사라져 없어지고 만다는 허무한 이론이다.
이러한 견해는 다분히 생물학적인 견지에서 주장하는 것이다.
우리 몸은 죽으면 썩어서 없어진다는 주장은 어렵지 않게 받아들일 수 있을 것이다.
문제는 우리의 마음(의식, 영혼)도 죽음과 동시에 아무런 흔적도 남기지 않고 사라져 버리는가에 관한 의문이다.
물론 이런 주장에서는 우리의 마음, 의식, 영혼도 죽음과 함께 없어져 버린다는 견해를 주장한다.
이런 견해를 주장하는 사람들은 인간의 의식이라는 것도 육체의 일부분인 뇌에 의해서 만들어 진다고 한다.
즉, 물질인 뇌가 인간의 정신, 즉 의식을 만들어 낸다고 하는 것이다.
그래서 죽음과 함께 물질인 육체가 없어지는 것은 물론 육체의 일부분인 뇌에서 만들어진 인간의 의식(마음, 영혼)도 없어지고 만다는 견해이다.

이러한 견해는 서구의 과학이나 의학에서 주로 주장하는 유물론(唯物論)적인 견해이다.

　두 번째는, 사후생(死後生), 즉 죽음 후의 삶은 존재하지만 환생(還生, reincarnation)은 없다고 하는 주장이다. 이런 주장은 주로 서구의 종교인 기독교나 천주교에서 주장하는 것이다.
즉, 인간의 몸은 죽으면 썩어서 없어지지만 영혼은 하나님의 심판을 받아서 영원히 지옥의 고통을 받거나 아니면 천국에 가서 영원히 행복한 삶을 사느냐 두 길이 있을 뿐이라는 것이다.
이러한 견해는 죽음 후에 영혼이 사후의 생을 산다고 하는 주장이다.
그러나 죽음 후에 영혼이 다시 재생(再生), 즉 다시 태어난다고 하는 환생(reincarnation)하지는 않는다고 주장한다.
다시 말하면 인간은 죽음 후에 하나님의 심판으로 영원한 지옥이나 영원한 천국에 가는 사후의 생(生)만이 인정될 뿐 그 영혼이 다시 태어난다는 환생, 즉 윤회(輪廻, Samsara)의 개념은 없는 것이다.

　세 번째는, 사후의 생도 있고 환생, 윤회가 있다고 하는 주장이다.
이러한 주장은 인도의 종교에서 주로 주장되는 것이다.
즉, 현재 인도인 8~90 퍼센트가 믿고 있는 힌두교와 인도에서 파생된 불교가 주장하는 견해이다.
이들 인도의 종교는 당연히 죽음 후의 세계가 있다는 것을 믿는다.

더 나아가 인간의 영혼(의식, 마음)은 다시 육체를 받아서 환생(reincarnation)한다고 주장한다.

이렇게 인간이 환생한다고 하는 것을 뒷 바침 해주는 것이 업(業, Karma)의 이론이다.

즉, 사람이 살아 생전에 지은 모든 행위와 행동이 인간의 의식속에 저장이 되어서 영혼이 다시 환생 했을 때 그 저장된 업(業)에 따라서 내생(來生)에서 복을 받든지 아니면 벌을 받든지 한다는 것이다.

즉, 육체를 다시 받아 환생된 영혼은 전생에 지은 업에 따라 그 운명이 결정된다는 것이다.

이것은 한마디로 악인악과(惡人惡果) 선인선과(善人善果), 즉 전생에 나쁜 행위를 많이 한 자의 영혼은 죄를 받고 좋은 행위를 많이 한 영혼은 복을 받는다고 하는 법칙이다.

하여튼 이렇게 인도의 종교인 힌두교와 불교는 사후생을 믿으며 더 나아가 환생과 윤회(輪廻)를 믿고 있다.

네 번째는, 최고, 최상의 궁극적 진리의 입장이다. 이러한 견해는 최상승(最上乘)의 입장에서 본 주장이다.

즉, 최고, 최상의 진리의 입장에서 본다면 사후생도 없고 환생도 없고 윤회도 없다는 것이다.

한마디로 모든 것이 끝나 버려서 아무것도 없는 세계를 말하고 있다.

이러한 견해는 물론 힌두교에서도 주장하는 바이지만 특히 불교의 공(空) 사상이 그 절정을 이룬다고 할 수 있다.

힌두교에서는 이러한 최고 최상의 상태를 순수의식(純粹意

識, pure consciousness)이라고 한다.

오직 진실한 실재(實在)의 세계는 이러한 순수의식만의 세계이고 나머지 다른 우주 삼라만상이 다 허상(虛相)이고 환영(幻影)인 것이다.

물론 이러한 순수의식 속에서는 어떠한 개별적인 영혼도 있을 수 없다. 그래서 사후생과 환생, 윤회도 없는 것이다. 오직 순수의식 만이 존재하고 있는 것이다.

이와 비슷하게 역시 인도에서 파생된 불교도 절대의 경지에서는 개별적인 영혼의 사후생도 없고 또한 환생도 없으며 윤회도 없다고 주장한다.

이런 불교의 최고, 최상의 궁극적 진리의 세계는 아무것도 없는 텅 텅 빈 공(空)의 세계이다.

아무것도 없는 텅 텅 빈 공성(空性)의 자리에 어떻게 개별 영혼의 사후생이 있을 수 있으며 환생과 윤회 같은 게 있을 수 있겠는가?

그렇지 않겠는가? 곰곰히 생각해 보자. 결코 쉬운 문제가 아닌 것이다. 사실 세상의 모든 문제 중에서 가장 어려운 문제인 것이다.

그러나 이러한 최고, 최상의 세계는 사실 이론상으로도 알기도 어려운 것이고, 더군다나 이러한 궁극의 진리를 체험하는 것은 더 더욱 어려운 것이다.

힌두교의 수 많은 경전중에서 힌두교인들이 기독교의 성경과 같이 소중히 여기는 경전이 바그바드 기타(Bhagavad Gita)이다.

이 경전에서도 이러한 최고 최상의 진리인 "순수의식"을 체험한 사람은 극소수에 불과하다고 밝히고 있다.

물론 불교에서도 마찬가지이다.

최고, 최상의 궁극적 진리인 아무것도 없는 텅 텅 빈 공(空)의 자리를 증득(證得)하는 자(者)는 극히 소수의 수행자들 뿐이다.

그래서 죽음학의 대가(大家)이신 최준식 교수님의 사후의 생에 대한 논의에서 이 마지막 네 번째의 단계는 예외로 하자고 말씀 하신다.

즉, 우리의 논의의 대상에서 제외 하자는 말씀이시다.

결국 최 교수님이 사후생에 대한 진리라고 생각하는 것은 세 번째의 주장인 사후생도 있고 환생과 윤회도 있다고 하는 인도 종교인 힌두교와 불교의 주장이다.

그러나 이것은 학자의 한계일 뿐이다. 학자와 학승(學僧)은 이러한 네 번째 단계인 절대의 세계, 즉 사후생도, 환생도 윤회도 끝이 나버린 최고, 최상의 궁극적 진리의 세계를 알 수 없다.

그러나 진지하게 구도(求道)의 길을 가는 수행자는 이러한 순수의식(純粹意識, pure consciousness)이나 공(空, Emptiness)의 세계를 체험할 수가 있다.

불교의 최고, 최상의 진리인 공성(空性)의 세계는 곧 열반(涅槃, Nirvana)의 세계인 것이다. 왜냐하면 공(空)이 곧 열반(Nirvana)이기 때문이다. 이것은 직접적인 체험을 통해서만 알 수 있는 것이다.

공(空, Emptiness), 즉 열반(Nirvana)의 세계를 알아보자!

"텅 텅 비고 고요하고 고요하다. 이루 말할 수 없이 편안하고. 편안하다. 무한한 자유와 행복과 평화가 넘실거린다. 이루 말로 형용할 수 없는 축복과 희열이 넘친다. 형용할 수 없는 황홀경(Ecstacy)속에 잠겨 있다. 아무것도 없는 텅텅 빈 세계이다. 이 세계는 영원이 곧 순간이다. 그렇게 텅텅 비어서 황홀경을 느끼면서 영원히 존재한다. 불생불멸의 존재로서 그렇게 순간이면서 영원히 존재한다.

이 세계에서는 모든 것이 하나로 융합되어 있다. 개별적인 것은 하나도 없다. 개별적인 영혼도 없고 사후생도 없으며 환생도 없고 윤회도 없다. 고통스러운 환생과 윤회가 끝나고 영원히 지복(至福)과 황홀경 속에서 존재한다."

결론을 맺겠다. 물론 상대적인 진리의 세계에서는 사후생도 있고 환생도 있고 윤회도 있다.

이것이 불교에서 말하는 연기법, 인과법, 인연법 그리고 업(業, Karma)의 세계이다.

그러나 더 나아가 최고, 최상의 궁극의 진리인 아무것도 없는 텅 텅 빈 공성(空性)의 세계에서는 개별적인 것이 하나로 융합되어 있다.

오직 하나(Oneness)인 텅 텅 빈 공(空)만이 있을 뿐이다.

이것이 바로 부처의 세계, 부처님인 것이다.

불교의 모든 대승 경전과 조사 어록들은 다 이런 공(空)의 세계와 이 공(空)이 바로 부처임을 말하고 있는 것이다.

못믿으시겠는가? 그러면 경전을 잠시라도 정독해 보라. 그러면 이 말이 진실임을 알게 될 것이다.

8. 임사체험(NDE)과 스웨덴보그의 사후의 세계 그리고 티벳 사자의 서(書)

요즈음 서양에서는 자기들의 종교적 전통과 다른 사후생(死後生)에 대한 새로운 논의가 전개되고 있다.
바로 임사체험(臨死體驗, NDE, near death experience)과 서양의 신비주의자인 스웨덴보그(Swedenborg)의 영계(靈界)에 대한 주장이다.

임사체험(NDE)은 죽음을 당한 사람이 다시 살아나서 자기들이 죽음의 상태에 있었을 때 보고 느꼈던 체험담을 이야기 한 것에서 비롯된다. 이것은 1970년대에 와서 죽음을 지켜본 의사들이 이러한 죽었다가 다시 살아난 사람들의 체험담을 사실로 인정함으로서 널리 알려지게 되었다.
이러한 임사체험자들은 거의 비슷한 경험을 했다고 주장한다.

첫 번째가 이들이 죽음에 직면했을 때 아주 평화로운 감정을 느꼈다고 한다. 죽음의 고통은 없어지고 무한한 행복감을 느꼈다는 것이다.

두 번째 단계는 유체이탈(幽體離脫)이다. 모든 임사체험자들은 공통적으로 죽음의 순간에 자기의 영혼이 몸으로 부터 분리되어 공중으로 붕 떠오르는 경험을 했다는 것이다. 이 단계에서 임사체험자의 영혼은 점점더 평화로운 곳을 향해서 가게 된다. 이런 과정에서 임사체험자들은 자기의 생전의 가족과 친구들을 만나기도 한다. 그리고 임사체험자들을 인도하는 좋은 영혼을 만나게 된다.

세 번째는 어두운 터널을 지나가는 경험을 한다.

네 번째 단계에서 그들은 어두운 터널의 끝에서 희미한 빛을 보게 된다. 어두운 터널을 더 깊게 지나갈 때마다 그 빛은 점점 더 밝게 빛난다.

다섯 번째 단계에서 임사체험자는 그 빛을 향해서 가게 된다.
이러는 과정에서 임사체험자들은 말할 수 없는 행복감과 사랑을 느끼게 된다. 이들은 이것을 무조건적인 사랑(Unconditional Love)이라고 표현한다.

이런 과정에서 임사체험자들은 죽음의 과정을 멈추고 다시 자기의 육체에 되돌아 오게 된다는 것이다. 죽음 직전에 다시 살아 돌아 오게 된 것이다.
이런 임사체험자들은 거의 다 같이 자기들의 사후의 상태에서 무한한 행복과 사랑을 느꼈다고 한다.
이러한 임사체험자들의 주장에 따르면 죽음은 두려운 것이 아니라 오히려 행복한 체험일 것이라는 생각이 든다.

19세기 쯤 스웨덴(Swenden) 출신의 신비주의자인 스웨덴보그(Swedenborg)라는 사람의 영계(靈界)로의 여행 이야기가 세간의 큰 관심을 끌게 되었다.

이 신비주의자는 거의 20년 동안 사람이 죽은 뒤에 가서 살게 되는 영계(靈界)를 방문했었다고 주장한다.

그가 방문했던 영계(靈界)는 영혼들의 정신적 수준에 따라서 속하게 된 수 많은 영(靈)들이 각각의 단체를 만들어 살고 있다는 주장이다.

이런 영(靈)들의 세계는 영원하며 이 세상보다는 더 행복한 생활을 영위해 나가는 것 같은 생각이 든다.

이 신비주의자 스웨덴 보그는 우리가 사후에 이런 영계에 가서 영원히 살게 된다고 주장하고 있다.

마지막 사후의 세계에 대한 논의는 티벳 불교의 아주 귀중한 경전인

"티벳 사자의 서(書)"에서 발견할 수 있다.

이 티벳 사자의 서의 내용에 따르면 사람은 죽은 후 49일 동안 죽음과 환생 사이인 중음기(中陰期)에서 49일간을 머문다고 한다.

티벳 사자의 서(書)는 바로 이 49일간의 중음기에서 우리가 살아 생전보다 더 쉽게 해탈(解脫)을 하여 대 자유에 이를 수 있다고 주장한다.

즉, 사람이 죽었을 때 이 사자의 서(書)에 적혀 있는 데로 사자의 영혼을 위해서 친지나 가까운 친구 또는 승려들이 이 사자의 서(書)의 내용을 읽어주고 안내를 해 주면 중음기에 있는 사자(死者)의 영혼이 쉽게 깨달음을 성취하게 된다는 내용이다.

이러한 과정은 세 단계로 나뉘어 지게 된다.

치카이 바르도(죽음의 순간의 중음기), 초에니 바르도(업에 의한 환영이 나타나는 순간의 중음기) 그리고 시드파 바르도(환생을 위한 준비의 중음기)의 세단계가 있다.

살아있는 친지나 지인이 이 티벳 사자의 서(書)의 내용을 각 중음기마다 적절하게 읽어 준다면 사자의 영혼은 이 낭송해 주는 내용에 따라 적절히 행동한다면 그 즉시 쉽게 해탈을 하여 대 자유를 얻게 된다는 것이다.

말하자면 이 "티벳 사자의 서(書)"는 죽은 사람이 사후에 쉽게 해탈을 할 수 있게 해 주는 경전인 것이다.

위에서 살펴본 것이 사후의 세계에 대한 모든 경우의 수인 것이다. 당신은 어떤 사후의 세계, 사후의 여정을 따라갈 것인가? 현명한 선택을 한다면 당신은 죽음을 극복할 수도 있을 것이다.

"인생은 짧다." 그러므로 당신이 만약 현명하다면 영원히 계속될 사후의 세계에 대한 준비를 즉시 해야 할 것이다.

9. 사후생(死後生)-죽음 후의 세계

임사체험(臨死體驗)이란 말을 들어 보셨는가? 영어로 하자면 NDE(near death experience)가 될 것이다.
즉, 죽음의 문턱에 다가갔다가 완전히 죽지는 않고 다시 이 세상으로 돌아온 사람들의 체험담을 말한다.
이런 임사체험((臨死體驗)을 한 사람들이 의외로 많다.
이런 현상들을 1970년대 부터 서구에서 본격적으로 연구해 왔다.
그래서 서구에서 이런 현상에 대한 많은 보고가 있다. 그러나 이것은 전 인류가 다 겪게 되는 현상이다.
물론 한국에도 이런 임사체험을 한 사람들이 많이 있다.

짧게 요약한다면 이런 임사체험을 한 사람들의 가장 공통된 현상은
아주 "투명하고 찬란한 밝은 백색의 빛"을 보았다고 말하는 것이다.
다른 여러가지 신비한 현상도 많이 일어나지만 "존재의 근원(根源)"에서 나오는 이 투명하고 찬란한 빛을 본 경험을 가장 중요하게 이야기 하고 있다.
이 빛은 아주 평화스럽고 행복하며 무한한 조건없는 사랑(unconditional love)을 주는 빛이라고 한다.
그래서 임사체험을 한 모든 사람들은 이 조건없는 사랑을 주는 말할 수 없이 행복한 이 "존재의 근원"에서 나오는 백색의 투명한 빛을 그리워하며 그 빛으로 다시 돌아갈 날을 염원하고 있다.

임사체험을 한 사람들은 이 평화롭고 행복하고 무조건적인 사랑(Unconditional love)를 주는 찬란한 빛에 가는 도중에 돌아온 사람들이다. 만약 사자(死者)가 이 찬란한 빛 속으로 녹아 들어 갔더라면 이 사람은 영원불멸의 행복한 존재가 될 수도 있었으리라...

 티벳(Tibet)에는 1000년 전부터 인간이 죽은 다음에 겪게 되는 과정에 대한 아주 신비스럽고 귀중한 경전이 있다.
"티벳 사자(死者)의 서(書), The Tibetan Book of the Dead," 이다.
이 경전은 사람이 죽은 후 마지막으로 다시 이 세상으로 환생하기 까지의 49일간에 사자(死者)가 겪는 현상을 자세히 설명하고 있다.
이 49일간을 중음기(中陰期)라고 한다. 티벳 말로는 바르도(Bardo)이다. 즉, 둘의 사이, 죽음과 환생의 사이에 있는 사자의 영혼이 이 바르도(중음기)의 순간에 영원한 대 자유를 성취하느냐 아니면 다시 육도 윤회하는 세상으로 다시 돌아 오느냐 하는 아주 중요한 순간인 것이다.

 사자(死者, Dead person)는 이 중음기(中陰期) 동안에 아주 많은 경험을 한다.
그렇지만 이 "사자의 서(書)"에서도 위에서 언급한 임사체험에서와 같이 존재의 근원(根源)에서 나오는 백색의 찬란한 빛을 여러 번 경험한다.
사자(死者)가 이러한 백색의 찬란한 투명한 빛을 두려워 하지 않고 오히려 그 찬란한 빛이 나의 마음에서 나오는, 즉

"존재의 근원"에서 나오는 빛임을 알아 차릴 때 사자의 영혼은 깨달음을 얻어 대 자유를 성취하게 된다는 것이다.

이와 같이 사자(死者)는 이 "중음기" 동안에 잠시 이 "존재의 근원"에서 나오는 백색의 찬란한 투명한 빛을 나 자신이라고 생각만 해도 바로 대 자유를 얻는다는 것이다. 이렇게 중음기의 과정에서는 살아 생전보다 훨씬 더 쉽고 빨리 깨달음을 얻어 대 자유를 성취할 수 있다고 이 티벳 사자의 서(書)에서 말하고 있다.

임사체험이나 티벳 사자의 서(書)의 내용은 좀 더 복잡한 현상들을 설명하고 있지만 아주 간략히 말하자면 위의 내용으로 요약할 수 있을 것이다.

이와 같이 이 두 가지 (즉 임사체험과 티벳 사자의 서) 사후의 세계에 대한 설명에서 공통적이고 가장 중요한 현상은 "사자(死者)가 모두 존재의 근원에서 나오는 백색의 투명하고 찬란한 빛을 체험한다"는 것이다.

그리고 제일 중요한 점은 이 "존재의 근원"에서 나오는 "백색의 투명한 찬란한 빛"을 인지하고 그 빛 속에 녹아들면 사자는 영원불멸한 무한한 행복의 세계에 도달하여 대 자유(Great Liberation)를 성취하게 된다는 점이다.

임사체험과 티벳 사자의 서(書)에서 공통적으로 나타나는 "존재의 근원(根源)"이라는 것은 우리 불교에서 말하는 "공(空)"을 말한다.

이 존재의 근원인 "공(空)"을 살아 생전에 많이 수행을 해서 조그마한 "공(空)"에 대한 경험을 한다면 위에서 언급한 두 가지의 사후생(死後生, Life after Life)에서 쉽게 깨달아서 대 자유를 성취하게 될 것임은 두말할 나위도 없을 것이다.

이와 같이 살아 생전에 깨닫지 못한다고 할 지라도 불교 공부와 수행을 열심히 해 두면 의식(意識)이 9배나 밝아지는 사후의 세계에서는 반드시 해탈(解脫, Liberation)을 이룰 수 있다는 것을 알아야 할 것이다.

그렇다. 우리가 이 세상을 사는 순간은 대단히 짧다.

왔다 하고 느끼는 순간, 바로 또 가야 하는 순간이 도래한다.

이런 사실을 알고 있는 우리 불자(佛子)들은 덧없고 무상(無常)한 봄날의 아지랭이와 같은 이런 세상의 삶에 현혹되지 말고 영원한 생명을 얻게 되는 "존재의 근원"에 대한 탐구, 즉 불교 공부와 수행을 열심히 하시기를 진정으로 바라는 바이다.

"세상을 유령처럼 보아라."
"일체의 모든 것이 모두 허깨비 같은 줄 알아라."

10. 존재의 근원에서 나오는 투명한 백색의 빛

죽음의 순간 우리는 어떤 경험을 하게 되는 것일까?
우리가 이런 죽음의 순간에 어떤 현상을 겪게 되는지 알수 있다면 죽음에 대처할 수 있게 될 것이다. 그리고 죽음을 공포스럽게 생각하지도 않을 것이다. 편안한 죽음을 맞이 할 수가 있을 것이다.

죽음의 순간에 우리의 영혼은 투명한 백색의 빛이 비치는 것을 경험한다.
두 번의 이러한 정광명(淨光明), 즉 투명한 백색의 빛을 경험한다.
첫 번째는 죽어가는 사람이 숨을 들이마시고 내쉬지 못하는 순간에 투명한 백색의 빛이 비쳐진다.
두 번째는 사람이 완전히 죽은 상태가 되는 때, 즉 영혼이 육체를 빠져 나갈 때 비쳐진다.

이 투명한 백색의 빛은 사자가 죽었을 때 "존재의 근원"에서 나오는 빛이다.
사자가 이러한 투명한 백색의 빛이 "자기의 존재의 근원"에서 비쳐진 것이라고 인식을 하게 되면, 사자는 그 즉시 깨달음을 얻게 되어 대 자유의 상태가 된다.

그렇다면 존재의 근원(根源)이라는 것은 어떤 상태를 말하는 것일까?
내 몸과 마음의 근본 자리 그리고 이 우주의 근본 자리를 말한다.

사실 진리의 입장에서 보면 내 몸과 마음은 실재(實在)가 아니다.

허상(虛相)이고 환영(幻影)인 것이다. 즉 본질적으로 생각한다면 내 몸과 마음은 존재하지 않는 것이다.

또한 근본적인 진리의 입장에서 본다면 우리를 둘러싸고 있는 이 우주도 존재하지 않는 것이다. 우주 전체가 허상이고 환영인 것이다.

이러한 우리의 몸과 마음 그리고 우주의 근본 자리, 근본 바탕을 존재의 근원이라고 말한다.

이것이 불교의 가장 심오한 진리이다.

이러한 존재의 근원은 오직 명상과 수행을 통하여 깨달았을 때 알 수 있는 것이다.

깊은 명상 속에서 삼매(三昧)의 경지에 들어 갔을 때 비로소 알 수 있는 것이다.

이러한 존재의 근원이라는 것은 공(空)이다. 아무것도 없이 텅 텅 비어 있는 공(空)의 세계인 것이다.

이와 같이 내 몸과 마음 그리고 우주 삼라만상이 다 사라졌을 때, 그때 비로소 공의 자리를 보게 되는 것이다.

그래서 사람이 죽었을 때 나타나는 투명한 백색의 빛은 자기의 존재의 근원에서 비쳐지는 것이다.

다시 말하면, 이 존재의 근원에서 비쳐지는 투명한 백색의 빛이 자기의 본질이라는 것을 아는 것이 대단히 중요하다.

이렇게 죽은 후에 사자가 자기의 영혼에 비쳐지는 투명한 백색의 빛을 보고 놀라서 도망가지 않고 기쁘게 이 빛이 바로 자기의 근본이라는 것을 알고 인식을 한다면, 이 사자의 영혼은 그 즉시 해탈을 하여 영원한 대 자유를 얻게 될 것이다.

이와 같이 티벳 사자의 서(書)에 나타나 있는 사람이 죽은 다음에 어떤 현상이 나타나는지 아는 것이 아주 중요하다고 할 것이다.
이렇게 죽음 후의 상태를 알고 대처한다면 오히려 죽음 후에 쉽게 해탈(解脫)을 하여 윤회(輪廻)의 고통스러운 상태에서 벗어나 영원히 평화롭고 행복한 대자유(大自由)를 누릴 수 있게 된다.

11. 카르마(Karma, 業)와 삼사라(Samsara, 輪廻)의 관계는 어떠한가?

 삼사라(윤회, 輪廻)는 인생이 바퀴처럼 영원히 돌아가는 것을 의미한다.
다시 말해서, 우리가 죽으면, 그것으로 모든 것이 끝난다는 게 아니라는 것이다.
인생은 계속된다. 우리가 죽으면, 다시 태어난다.
이처럼 삶과 죽음이 수레의 바퀴처럼 영원히 돌고 도는 것이다.

 이것이 삼사라(Samsara)의 의미이다.
이 윤회, 즉 삼사라의 영역은 6 가지이다.
그래서 이것을 육도윤회(六道輪廻)라고 한다.
이 여섯 개의 영역은 지옥, 아귀 지옥, 동물의 영역, 아수라, 인간의 영역, 천국이다.
당신이 어떤 영역에 태어나는지의 여부는 당신의 업(業, Karma)에 달려 있다.
카르마는 당신이 전생에 어떻게 행동했는지를 의미한다.
즉, 전생에서 어떻게 말하고 행동하느냐가 곧 당신의 업(業)이고 그것이 현생의 당신의 상태를 결정한다.
따라서, 카르마(업, 業)는 당신의 전생의 행동의 결과를 의미한다.
이 카르마가 당신의 삶의 현재 상황을 결정하는 것이다.
그러므로, 당신의 업보(Karma)가 좋다면, 당신은 좋은 영역에서 태어날 것이다.

업보(業報)가 나쁘면 나쁜 곳에서 태어나게 된다.

이와 같이 좋은 곳에서 태어나려면 좋은 일을 하고 좋은 업(業)을 쌓아야 한다.

이것이 카르마(業)와 삼사라(輪廻)의 관계이다.

하지만 윤회(輪廻)에서 탈출하는 것이 가장 중요하다.

삼사라(Samsara, 윤회)는 당신을 끊임없는 고통으로 이끌기 때문이다.

비록 천상(天上)에 태어났지만, 이러한 좋은 업(業)을 다 받고 나면

다시 다른 영역으로 태어나야 하기 때문이다.

그러므로 삼사라(Samsara)의 끝없는 순환을 끊는 것이 최선일 것이다.

끝없는 삼사라의 순환을 끊을 때 비로소 고통에서 벗어날 수 있다.

즉, 끝없이 이어지는 삼사라의 순환을 단절해야지만 고통이 없는 세계에 태어나게 되는 것이다.

이런 의미에서 열반(涅槃, Nirvana)에 가는 것만이 영원한 평화와 행복을 찾을 수 있는 유일한 길이다.

그래서 삼사라(Samsara)를 단절하고 니르바나(Nirvana)로 가는 유일한 길은 깨달음(Enlightenment)을 얻는 것이다.

12. 마음, 마음, 마음이란 무엇인가?

"티벳 사자의 서(書)"를 알기 위해서는 "마음"에 대한 정확한 이해가 필요하다.

이 마음만 잘 이해하면 죽음 후의 중음기에서 나타나는 현상들을 잘 이해하고 그 현상들에 잘 대처하여 깨달음과 대자유를 쉽게 성취할 수 있다.

즉, 실제 수행을 해서 해탈(解脫)하지 못하였어도 우리의 의식(意識)이 살아

생전보다 9배나 밝은 중음기(中陰期)의 상태에서는 이 "마음"에 대해

정확히 이해만 하고 있어도 깨달아서 열반에 드는 대자유를 얻을 수 있다는

말인 것이다.

대승경전(大乘經典)인 대승기신론(大乘起信論), 능가경(楞伽經)등 에서는 마음을 크게 두가지로 나누고 있다.

첫째가 진여심(眞如心), 즉 진리의 마음, 본래의 마음 그리고 부처의

마음(佛心)이다.

두 번째는 우리가 평소에 써고 살아가고 있는 중생심(衆生心), 즉 중생의

마음이다. 이것을 생멸심(生滅心)이라한다. 즉 살았다 죽었다하는 중생의

안정되지 못한 마음을 말한다.

우리는 보통의 중생의 마음을 쓰면서 살고 있다.

이 마음은 번뇌망상(煩惱妄想)이 죽 끓듯 일어나는 마음이다.

흔히 우리 중생들의 번뇌 망상이 8만 4천가지 라고 한다.

그 만큼 많고 복잡한 마음을 가지고 살고 있는 것이다.

이런 중생의 마음에서부터 이 세상의 모든 좋고 나쁜 일들이 생겨난다.

다시 말하면, 이런 중생의 마음이 있기 때문에 우리는 고통스러운 삶을 살아 가게 된다는 것이다.

즉, 우리의 마음이 우리로 하여금 지옥과 같은 삶을 살게 한다는 것이다.

이런 이유로 우리 중생들은 부처님의 말씀을 듣고 마음을 고요하고 평화롭게 만들려고 하는 것이다.

이것이 불교 공부와 수행을 하는 이유인 것이다.

그러면 불교 공부와 수행을 열심히 깊게 하면 어떻게 된다는 것인가?

바로 고통스러운 중생의 마음이 고요하고 평화로운 부처님의 마음으로 바뀌어 지는 것이다.

이와 같이 불교에서 말하는 모든 것의 근본이 되는 부처님의 마음은 바로

이 진여심(眞如心), 즉 본래의 마음을 가리키는 것이다. 이것을 또한 부처의

마음, 불성(佛性)이라한다.

이러한 불성을 깨닫기 위해서는 수행을 하여 오염된 깨끗

치 못한 중생심(衆生心), 생멸심(生滅心)을 없애서 본래의 깨끗한 마음(淨心)을 찾아야한다.

위에서 말한 바와 같이 우리의 고통스러운 중생심, 즉 생멸심(生滅心)을 수행을 해서 닦아서 깨끗한 부처의 마음, 진리의 마음인 진여심(眞如心)으로 바꾸어야 한다.
우리 중생이 가지고 살고 있는 마음은 생각으로 가득찬 마음이다.
생각이 마음을 만든다. 즉, 생각들이 모여서 마음이 되는 것이다.
그래서 생각이 사라지면 텅 빈 마음, 즉 무심(無心)이 되는 것이다.
이 무심(無心)을 무념(無念)이라고 해도 될 것이다.

이런 생각들로 가득 찬 중생의 마음, 즉 중생심, 생멸심(生滅心)을 수행을 열심히 깊게 하면 생각들이 다 사라지게 된다.
이런 생각들이 다 사라진 그야말로 텅 텅 빈 마음을 바로 부처의 마음인 진여심(眞如心)이라고 한다.
이와 같이 우리가 수행을 한다고 하는 것은 이런 생각들을 다 없애는 것을 말하는 것이다.
이렇게 수행을 깊게 하여 부처의 마음인 무심(無心)이 되면 바로 그 자리가 공성(空性)의 자리인 것이다.
즉, 우리가 수행을 깊이 하여 생각들은 다 끊어 없애면 무심(無心)인 진여심(眞如心)이 되고, 그것이 바로 공성(空性)이 된다는 것이다.

이런 무심(無心)이 곧 공성(空性)이라는 도리는 직접 깊이 수행을 하여 삼매(三昧)에 들어가야 비로소 확실히 알 수가 있다.

이와 같은 견지에서 과연 마음이란 무엇이며 실재 그 마음은 무엇을 말하는가에 대해서 알아보자.
"티벳 사자의 서(書)"에서 누누이 강조하는 바와 같이 비록 우리가 살아 생전에 이 깨끗한 본래의 마음을 깨치지 못하였다고 하더라도 중음기(中陰期)에서 이러한 마음에 대한 정확한 지식과 이해만 하여도 능히 해탈을 하여서 영원한 대 자유를 성취 할 수 있는 것이다.
이와같은 이유에서 우리가 살아 생전에 대승(大乘)경전 공부를 열심히 해야 할 필요가 있는 것이다.

이러한 마음에 대한 이해를 잘 하기 위해서 불법(佛法)의 대 성취자이신 달마대사와 파드마삼바바의 말씀을 살펴보기로 하자.

달마대사는 서기 6세기경 중국에 최초로 선(禪)을 전하신 분이시고 파드마삼바바(Padmasambhava)는 서기 8세기경 인도의 밀교를 티벳에 최초로 확립한 분이시다.
이 분들의 마음에 대한 법문을 간략히 살펴보자.

제자가 달마대사에게 물었다.
"마음이 있습니까? 없습니까?"
이에 대해서 달마대사께서 "마음이 없다(無心)"라고 대답하셨다.

즉, 마음 그 자체도 없는 실제는 "공(空)"이라는 것이다.

다시 제자가 묻는다.

"무심(無心), 즉 마음이 없으면 나무와 돌(木石)과 같지 않습니까?"

달마대사께서 대답하셨다.

"무심속에 의식(意識)이 있다. 그래서 사람의 마음 없음, 즉 무심(無心)은 나무와 돌과 같은 마음 없음과 다르다."

이 달마대사의 마음은 인간의 무심(無心)속에는 이러한 텅 빔과 동시에 그 텅 빔을 알고 또한 무한한 평화와 자유와 행복과 지복(至福)을 아는 의식이 있다는 말씀이시다.

즉, 선가(禪家)에서 말하는 텅 빈속에 신령스러운 앎이 있다는 공적영지(空寂靈智)를 말하는 것이다.

그래서 달마대사께서 말씀하시는 마음은 무심(無心), 즉 공(空)이라고 할 수 있는 것이다.

마음에 대한 달마대사의 다른 일화를 들어보자.

달마대사가 서기 520년 경 중국에 도착했다.

중국의 양(梁)나라 무제(武帝)와 대담을 했으나 무제의 불교의 수준에 만족을 못하고

소림사(小林寺)에 있는 달마 동굴에서 9년 면벽(面壁)을 하시면서 자기의 도(道)를 알아들을 수 있는 상근기(上根機)의 제자가 오기를 기다렸다.

어느 눈이 펑펑 내리는 추운 겨울 날 마침 기다리던 스님이 찾아왔다.

동굴 밖에서 내리는 눈을 맞으며 기다리고 있는 스님을 달

마 대사는 하루 밤 동안을 쳐다 보지도 않았다.
마침내 다음 날 이 스님의 허리까지 눈이 쌓인 것을 보신
달마대사께서 물었다.

 그대는 무엇을 하려고 거기에 그렇게 서 있는가?
이 물음에 그 스님이 대답했다.
"도(道)를 알고 싶어 이러고 있습니다."
달마대사께서 말씀하셨다.
"도(道)를 이루는 것은 어렵고도 어려운 일이다. 간절한 마음을 가지지 않으면 안된다."
이 말을 들은 스님은 가지고 있던 칼로 자기의 왼쪽 팔을
잘랐다.
잘린 팔이 시펄겋게 물든 눈위에 떨어졌다.
그제서야 달마 대사가 그 스님에게 말했다.
"그래 무엇을 구하는 것이냐? 소원을 말해보라."
스님이 대답했다.
"저의 마음이 편치 않습니다. 마음을 편안하게 해 주십시오."
달마대사가 말했다.
"그럼 그 편치 않은 마음을 가져와 보거라. 그러면 내가
너의 마음을 편안히 해 주겠다."
그 스님이 한 참 동안 마음을 찾았다. 그리고 대답했다.
"마음을 찾아도 찾을 수가 없습니다."
이 말을 들은 달마대사가 말했다.
"그러면 내가 너의 마음을 편안케 해 주었다."

어째서 달마 대사께서는 이 스님의 마음을 편안하게 해 주었다고 말씀하셨을까?

그것은 이 스님(혜가, 慧可)이 마음이 없다는 것을 알았기 때문인 것이다.

즉, 위에서 말한 바와 같이 이 스님은 "생각들이 있는 중생심"을 넘어 "생각들이 다 사라진 부처의 마음인 진여심(眞如心)"을 알았기 때문인 것이다.

혜가 스님이 생각이 없는 텅 텅 빈 마음을 알았기 때문이라는 것은 생각이 있기 때문에 마음이 괴로운 것인데 생각이 없다면 괴로움이 없어 지기 때문인 것이다.

이 생각이 없는 마음인 무심(無心)이 곧 공성(空性)인 것이다.

이 공성이 바로 법성(法性)이다.

법성(法性)이 곧 우주의 근원, 원천(源泉)인 것이다.

이 법성으로부터 사후의 첫 번째 중음기인 치카이 바르도에서 비쳐오는 맑고 투명한 백색의 빛이 나타나는 것이다.

다음에 티벳(Tibet) 밀교(密敎)의 창시자이신 대 성취자 파드마삼바바(Padmasambhava)의 마음에 대한 말씀을 알아보자.

대 성취자 파드마삼바바의 마음에 대한 말씀이시다.

"참다운 상태의 마음은 꾸밈없는 순수한 공(空)이다."

또한 이 분은 이러한 순수한 마음을 "한 마음(One Mind)"이라고 표현했다.

"한마음은 진실로 공(空)이다." "공이 진리이고 본래 마음이다.”

“창조되지 않은 공성(空性)이 우주의 근본인 법신(法身)이
다.”

이와 같이 파드마삼바바 대 성취자께서 말씀하신 순수한
본래의 마음인 “한 마음(One Mind)”은 모든 것을 알고 비
어 있으며 순수하고 영원히 명료한 공(空)이라는 것을 알
수 있다.

 이것이 위에서 본 바와 같은 달마대사께서 가르치신 무심
(無心)인 것이다.

바로 이 무심과 공성이 법성이고 법성이 바로 우주의 근본
이요, 원천인 것이다.

그래서 이런 법성으로부터 맑고 투명한 백색의 빛이 치카
이 바르도의 단계에서

사자(死者)에게 비쳐져 오는 것이다.

그러므로 치카이 바르도에서 사자에게 이 빛이 비칠 때 사
자는 이 빛이 자기의 존재의 근원에서 비쳐오는 것임을 깨
달아 그 빛을 신뢰하고 그 속에 머무르면 곧 해탈하여 대
자유를 얻게 되는 것이다.

 이와같이 달마대사께서 말씀하신 무심(無心), 즉 진여심
(眞如心)과 파드마삼바바께서 말씀하신 한 마음(One
Mind)은 다 같이 무심(無心), 공(空), 불성(佛性), 즉

“마음 없는 마음”임을 알 수 있다

이러한 “무심(無心), 공(空), 불성(佛性)의 성취”가 불교의
궁극적인 목적인 것이고 또한 이것을 아는 것이 “티벳 사
자의 서(書)”에서 설명하고 있는 사후 세계의 여정에서 꼭

필요한 지식인 것이다.

13. 불교의 2대 철학-유식학(唯識學)과 중관학(中觀學)

A. 유식학(唯識學)

대승불교(大乘佛敎)의 두 가지 큰 철학이 있다.
그것은 중관불교(中觀佛敎)와 유식불교(唯識佛敎)이다.
즉, 중관학(中觀學)과 유식학(唯識學)이다.
중관불교는 이미 여러 번 말씀드린 공성(空性)을 가리켜주는 것이고
유식불교는 마음을 잘 이해하도록 설명해 주는 가르침이다.
이것도 이미 앞서 말씀드렸듯이 생각 없는 마음인 무심(無心)이 곧 공(空)이라는 것을 이해하면 되는 것이다.
이와 같이 중관불교와 유식불교에서도 결국 다 같이 주장하는 바는 마음이 바로 공(空)이고 이 공(空)인 마음이 이 우주의 궁극적인 진리(The Ultimate Truth of Universe)라고 하는 것이다.

이러한 중관(中觀)에서 주장하는 공성(空性)과 유식에서 주장하는 무심(無心)을 이해하는 것이 티벳 사자의 서(書)의 내용을 이해 하는데 가장 중요한 사항인 것이다.
즉, 사후의 중음기의 첫 단계인 치카이 바르도에서 사자의 영혼에 비쳐오는 두 번의 정광명(淨光明)은 바로 중관에서 말하는 존재의 근원인 공성(空性)에서 출현한다는 것을 알아야 하는 것이다.
이렇게 맑고 투명한 백색의 빛인 정광명(淨光明)이 사자

자신의 존재의 근원에서 나타난 것임을 알고 그 빛을 신뢰하고 그 빛을 따라가면 사자의 영혼은 해탈하여 영원한 대자유를 얻을 수 있다.

마찬가지로 이러한 백색의 투명한 빛은 사자의 마음, 즉 무심(無心)에서 흘러 나오는 것을 알아 그 빛이 바로 자기 자신의 마음에서 나온 것임을 앎과 동시에 해탈을 하여 대자유를 얻게 되는 것이다.

유식학(唯識學)은 자기 자신의 마음을 이해하려고 하는 철학이다.

가장 핵심적인 주장은 바깥의 모든 객관적인 현상들이 단지 자기 마음에서 만들어져서 외부로 투영된 것에 불과하다고 주장한다.

즉, 외부에 있는 객관세계는 모두 다 자기의 마음 속에서 먼저 형성되었다고 한다.

그리고 이렇게 자기 자신의 마음 속에서 만들어진 영상(映像)들이 마음 밖으로 투영된 것이라고 주장한다.

다시 말하면 외부의 객관 세계는 실체가 없는 허상(虛相)이고 환영(幻影)이라는 것이다.

그래서 우리가 사물을 볼 때, 보이는 모든 것들은 사실 진짜로 실재(實在)하고 있는 것이 아니라는 것이다.

즉, 바깥의 사물들은 우리 마음 속에서 만들어 져서 외부로 투영된 것이라고 말한다. 이렇게 보면, 사실 우리는 실체가 없는 환영 속에서 살고 있는 것이다.

이와 같은 것을 만법유식(萬法唯識)이라고 한다.

즉, 마음만이 실재하고 그 외의 바깥에 존재하는 모든 것들은 다 허상이고 환영일 뿐이라는 것이다.

나를 비롯해서, 당신들, 많은 사람들, 모든 동물들과 곤충들 그리고 산, 강, 바다등...

또한 저 하늘에 있는 별들, 달, 태양...

우주의 모든 것이 다 실재가 아닌 단지 허상이고 환영이라고 한다.

단지, 실재(實在)하는 것은 마음 뿐이라고 하는 것이다.

이런 주장을 유상유식(有想唯識)이라고 한다.

 실제로 유식학(唯識學)은 크게 두 가지로 나누어 진다.

하나는 위에서 말한 바와 같은 유상유식(有想唯識)의 관점이다.

마음 만이 실재(實在)하는 것이고 그 외의 바깥 세계의 모든 것은 다 실체가 없는

환영일 뿐이라고 주장한다.

즉, 마음은 실재한다고 하는 주장이다.

 두 번째 주장은 무상유식(無想唯識)이다.

이것은 경식구민(境識俱泯)이라고 하는 주장이다.

즉, 바깥 객관 세계의 모든 것이 허상이고 환영일 뿐만아니고 마음 마저도 허상이고 환영이라고 하는 것이다.

바깥 경계와 자기의 마음도 다 같이 존재하지 않는다는 것이다.

즉, 마음 마저도 없다는 것이다.

이렇게 바깥의 객관 세계와 안에 있는 마음 마저도 없어진 상태를 말하고 있다.

이렇게 경계와 마음이 다 없다고 하는 것은 바로 아무것도 없는 텅 텅 빈 공성(空性)을 말하고 있는 것이다.

이와 같은 무상유식의 경지에서는 마음은 "생각이 없는 마음, 즉 무심(無心)"이 된다.

이 생각이 없는 마음인 무심(無心)의 경지가 바로 아무것도 없는 텅 텅 빈 공(空)의 세계가 된다.

이렇게 무상유식의 무심의 견지에서 볼 때는 아무것도 없는 텅 텅 빈 공성(空性)의 진리를 말하고 있는 중관학(中觀學)과 같은 것이 된다.

즉, 무상유식이 주장하는 무심(無心)과 중관학이 주장하는 공성(空性)이 같은 것이 된다.

다시 말하면, 무상유식과 중관학은 같은 것이다 라고 말할 수가 있을 것이다.

특히 유식(唯識)불교에서는 티벳 사자의 서(書)에서 설명하는 중음기의 여러 과정에서 나타나는 여러 가지 환영들이 단지 자기 자신의 마음에서 투영된 허상(虛相)이라는 것을 아는 것이 중요하고, 또한 우리가 지금 살고 있는 이 광대한 우주의 모든 것이 사실은 우리 각자의 마음에서 나온, 투영된 허상, 환영이라고 설명하고 있다.

그리고 위에서 누누이 살펴본 바와같이 이 마음도 결국 허상이고 가짜인 공(空)이라고 하는 것이다.

이와 같이 자기 바깥의 사물들이 텅 빈 공임을 아는 것을 법공(法空)이라하고 또한 그러한 바깥의 사물들을 투영하는 그 마음도 역시 공(我空)이라고 하는 것이다.
즉, 아공(我空)인 것이다.
이것이 불교의 영원한 궁극적 진리인 아공(我空)과 법공(法空)인 것이다.

그래서 결론적으로 말씀드리면 나도 비었고 또한 나의 바깥에 존재하는 모든 형상 있는 것들도 다 비었다는 아공(我空), 법공(法空)인 구공(俱空)의 진리를 알아야지 이 살아있는 세계에서도 진리를 깨친 것이고 또한 마찬가지로 사후(死後)의 중음기(Bardo)에서도 해탈하여 열반에 드는 가장 중요한 가르침이라 할 수 있다. 이러한 점에서 우리가 살아생전에 조금씩이라도 이러한 대승불교(大乘佛敎)의 교리를 공부하는 것이 중요하다고 할 수 있는 것이다.

B. 중관학(中觀學)

위에서 우리는 중관에 대해서 많이 알게 되었다.
중관학은 한 마디로 사물의 공성(空性)을 말하고 있다.
즉, 우주 삼라만상이 모두 다 허상이고 환영이라고 한다.
내 몸과 마음 그리고 우주 삼라만상이 다 실체가 없는 환영이라고 주장하는 것이다.
실제로 대승불교(大乘佛敎)의 모든 경전에서 공성(空性)을 말씀하고 있다.
반야심경, 금강경, 화엄경, 유마경, 능엄경, 능가경,

원각경...
이렇게 공성(空性)이 중관학의 핵심이다.
바로 이 공(空)이 법성(法性), 법신(法身), 자성(自性), 참나, 진아(眞我), 본래면목(本來面目), 본지풍광(本地風光), 무위진인(無爲眞人)등으로 표현되고 있는 것이다.

a. 용수(龍樹, Nagarjuna)보살의 중관학 이론

 중관학을 불교 최고의 철학으로 확고하게 정립한 분이 용수(龍樹) 보살이시다.
용수 보살은 서기 2~3세기의 불교 승려 학자이다.
그가 저술한 중론(中論)에서 공성(空性)을 불교의 중심 사상으로 확립하여 소위 제 2의 석가모니 혹은 대승 불교의 아버지라고 불리운다.
그러나 그는 그의 저서 중론(中論)에서 공(空)을 실체(實體)로서 간주하지 않고 연기법(緣起法)에 근거하여 설명하고 있다.
즉, 공성(空性)을 모든 사물이 그 자체로서의 자성(自性)을 가지고 있지 않다는 무자성(無自性)의 공(空)으로 설명하고 있다.
즉, 모든 사물은 원인(因)과 관계(緣)에 의해서 생겨난 것이지 그 자체로 어떤 고정된 실체가 없다는 것이다.
그래서 모든 사물은 공(空)이 되는 것이다.
물론 각각 사물의 공성(空性)도 역시 부정되고 있다.
다시 말하면, 모든 사물은 원인과 관계로써 존재하고 있다.
각각의 사물은 어떤 고정된 실체가 없다.

다만, 원인과 관계에 의해서 존재하고 있다. 그래서 공(空)
인 것이다.
이 말은 또한 모든 사물이 공성(空性)을 가지고 있다는 실
체론적인 공성(空性)도 부정하는 것이다.

 즉, 용수 보살이 주장하는 공(空)인 중관(中觀)은 모든 사
물이 원인과 관계에 의해서 존재하기 때문에 실제로 그 자
체로서는 자성(自性)이 없는 것이다.
이렇게 모든 사물은 그 자체가 바로 공성(空性)을 가지고
있는 절대적인 공(空)이 아닌 원인과 관계에 의해서 만들어
진 상대적인 공(空)이라는 것이다.
용수 보살의 이러한 관점은 공(空)을 연기론(緣起論)의 견
지에서 설명하고 있다.
즉, 모든 사물은 그 자체로서 공(空)이 아니라 연기론적으
로 존재하는 공(空)이라는 것이다.
이러한 점에서 용수 보살의 공성(空性)에 대한 설명은 여전
히 소승 불교의 연기론에 바탕을 두고 있다.
즉, 완전한 대승 불교의 절대적인 공(空)이 아닌 것이다.
불교 승려 학자로서의 이론적인 주장인 것이다.

b. 절대적 존재로서의 공(空)

 실체적이고 절대적인 공(空)이 있다고 주장하는 진리가 있
다.
이것은 실제 수행을 깊이하여 삼매(三昧)에 들어서 직접 체

험한 공(空)에 대한 설명이다.

이 실체적으로 경험된 공(空)은 용수보살이 그의 저서 중론(中論)에서 설명하고 있는 공(空)과는 엄청난 차이가 있는 것이다.

용수 보살이 주장하는 공(空)이 상대적인 것이라면, 실제 수행을 깊이 하여 체험한 공(空)은 절대적인 것이라고 하겠다.

앞에서 언급한 바와 같이 용수 보살이 주장한 이론적인 공(空)은 연기법을 응용하여 공(空)을 설명했다.

연기법이라는 것은 기본적으로 어떤 존재가 있다는 것을 의미한다.

즉, 어떤 무엇인가가 있어야 비로소 그들 각각이 연기하여, 즉 상호의존하여서 연기적 관계가 생기게 되는 것이다.

즉, 이것이 있으면 저것이 있고 저것이 없으면 이것도 또한 없다라는 설명인 것이다.

만약, 공(空)속에 아무것도 없다면, 이러한 연기론적인 공(空)에 대한 설명은 맞지 않는 것이다.

실제 수행을 깊이하여, 삼매(三昧)에 들어 공성(空性)을 체험해 보면 그 공(空) 속에는 아무것도 없다.

즉, 서로 연기할 아무것도 없다는 말이다.

이렇게 실제의 공(空)은 연기론적인 상대적인 공(空)이 아니라 아무것도 없는 텅 텅 빈 공(空)인 것이다.

이와 같은 의미에서 앞에서 살펴본 바와 같은 용수 보살의 이론적, 연기적, 상대적인 공(空)에 대한 설명은 실제 수행을 통하여 체험한 공(空)과는 완전히 다른 것이다.

참고로 필자가 수행 도중에 체험한 공(空)에 대해서 간략하게 설명하고자 한다.

물론, 언어(言語)로 수행의 체험을 완전히 표현한다는 것은 불가능 하다.

그러나 어느 정도는 언어로 설명할 수가 있다.

이것을 의언진여(依言眞如)라고 한다.

즉, 언어를 빌려 진리를 설명한다 라는 것이다.

이러한 의미에서 필자가 체험한 공성(空性)과 열반(涅槃)의 체험을 밝히고자 한다.

"공성(空性)과 열반(Nirvana)의 세계"

"텅 텅 비고 고요하고 고요하다. 아무것도 없이 텅 텅 비어 있다. 이루 말할 수 없이 편안하고 편안하다. 무한한 자유와 행복과 평화가 넘실 거린다. 이루 말로 형용할 수 없는 축복과 희열이 넘친다. 형용할 수 없는 황홀경(Ecstacy) 속에 잠겨 있다. 아무것도 없는 텅 텅 빈 세계이다. 이 세계는 영원이 곧 순간이다. 그렇게 텅 텅 비어서 황홀경을 느끼면서 영원히 존재한다. 불생불멸의 존재로서 그렇게 순간이면서 영원히 존재한다.

이 세계에서는 모든 것이 하나로 융합되어 있다. 개별적인 것은 하나도 없다. 개별적인 영혼도 없고 사후생도 없으며 환생도 없고 윤회도 없다. 고통스러운 환생과 윤회가 끝나고 영원히 지복(至福)과 황홀경 속에서 존재한다."

c. 유식학 그리고 중관론과 티벳 사자의 서(書)

앞에서 유식학과 중관학에 대해서 알아 보았다.
이제 부터는 간략하게 티벳 사자의 서(書)의 내용을 이해하
는데 유식학과 중관학이 어떻게 관련이 되어 있는지 알아
보겠다.

중음기의 첫 단계인 치카이 바르도, 즉 죽음의 순간의 중
음기에서 사자의 영혼은 존재의 근원(根源)으로부터 비쳐져
오는 백색의 투명한 빛을 보게 된다.
이 정광명(淨光明, Clear Light)은 두 번에 걸쳐서 나타난
다.

첫 번째 정광명은 호흡이 멈추는 순간에 출현한다.
즉, 들숨은 멈추었지만 날숨은 체내에 남아있는 순간에 나
타난다.
이렇게 백색의 투명한 빛이 출현할 때 이것을 바로 자기
자신또는 존재의 근원에서 나오는 빛이라는 것을 알아야
한다.
자기 자신이라는 것은 참 나, 진아(眞我)를 말한다.
즉, 평상시에 자기라고 생각하는 이 몸과 마음이 진짜 자
기 자신이 아니라는 말이다.
몸과 마음을 초월한 진정한 자기 자신인 참 나, 진아(眞我)
가 있다는 것이다.
또한 존재의 근원이라는 것은 우주 삼라만상의 근본, 근원,
뿌리를 의미한다.

즉, 실제로 우리가 듣고 보는 우주의 모든 것은 사실 허상(虛相)이고 환영(幻影)일 뿐인 것이다.

우주의 실체, 실상(實相)은 따로 있다는 것이다.

존재의 근원이란 바로 이 우주의 실상(實相)을 말하는 것이다.

그러면, 유식학과 중관학이 어떻게 이런 참 나, 진아(眞我)와 존재의 근원인 우주의 실상(實相)과 관련이 있는 것인가?

결론부터 말하자면, 마음을 설명하는 유식학과 우주의 근본, 근원, 뿌리를 설명하는 중관학은 종국에는 같은 것이다.

즉, 마음을 깊이 참구해 들어가면 "마음이 없는 마음, 생각이 없는 마음"의 경지에 이르게 된다.

수행을 하여 깊은 삼매(三昧)에 들어가면 모든 것이 다 사라지고 없는 텅 텅 빈 공(空)의 상태에 도달하게 되는 것이다.

이것이 공성(空性)의 자리인 것이다.

이 공성(空性)의 자리는 또한 우주의 근본, 근원인 우주의 실상(實相)의 자리인 것이다.

즉, 유식학의 궁극적 진리와 우주의 실상을 참구하는 중관학의 궁극적 진리가 같다는 것이다.

유식학과 중관학이 추구하는 궁극적 진리가 똑 같은 공성(空性)의 상태라는 것이다.

이런 사실이 어떻게 티벳 사자의 서(書)의 각 단계의 중음기의 현상들을 대처하는데 영향을 주는 것일까?

d. 치카이 바르도에서의 대처 방법.

치카이 바르도, 즉 죽음의 순간의 중음기에서 출현하는 두 번의 정광명은 참 나, 진아와 존재의 근원에서 비쳐져 오는 것이다.

즉, 치카이 바르도에서 나타나는 두 번의 정광명의 출현은 바로 이 참 나, 진아와 존재의 근원에서 나오는 것임을 알아야 한다는 것이다.

이와 같이 치카이 바르도에서 나타나는 두 번의 정광명이 참 나와 존재의 근원에서 나오는 것임을 안다면, 그 빛을 두려워하고 무서워서 도망칠 필요가 없는 것이다.

오히려 그 맑고 투명한 백색의 광선이 자기 자신의 존재의 근원에서 나오는 것임을 알고 반가이 맞이 하여야 한다는 것이다.

이렇게 그 빛들을 자기 자신의 본질이라는 것을 인식함과 동시에 그 빛들을 신뢰하고 그 속에 안주하면 그 즉시 사자의 영혼은 해탈을 하여 영원한 대 자유를 얻게 되는 것이다.

e. 초에니 바르도, 즉 존재의 근원을 체험하는 중음기에서의 대처.

이 초에니 바르도의 단계에서는 사자의 영혼이 살아 생전에 지은 업(業, Karma)의 결과로 생긴 여러 가지 환영들이 출현한다.
즉, 평화의 신들과 분노의 신들의 형상들이 나타나는 것이다.
많은 평화로운 형상의 신 또는 붓다들의 환영이 출현한다.
이 때 사자의 영혼은 그러한 신들 또는 붓다의 형상들에 대해서 무서움과 두려움없이 그것들이 자신의 마음에서 투영되어 나온 환영임을 알아야 한다.

앞에서 우리는 지금 눈 앞에 펼쳐지고 있는 현상들이 모두가 다 내 마음에서 만들어진 형상들이 밖으로 투사되어서 존재하는 듯이 보이는 환영임을 배운 바 있다.
이것이 유식학의 핵심적인 가르침인 것이다.
이와 같이 우리가 배운 유식학의 가르침에 따라서 초에니 바르도에서 출현하는 평화의 신들과 분노의 신들이 내 마음 속에서 투사되어 나온 내 자신이라는 것을 알고 그 형상들을 신뢰하고 그 속에 안주한다면 사자의 영혼은 그 즉시 해탈을 하여 영원한 대 자유를 누리게 되는 것이다.
이것이 유식학과 중관학의 가르침을 이해하고 난 다음 중음기에서 나타나는 현상들에 잘 대처하는 방법인 것이다.

f. 시드파 바르도, 즉 환생을 준비하는 중음기에서의 대처법.

치카이 바르도, 그리고 초에니 바르도에서 해탈을 하지 못한 사자의 영혼은 중음기의 마지막 단계인 시드파 바르도로 넘어간다.
이 환생을 준비하는 중음기에서 벌어지는 현상들에 대해서 앞서 우리가 배운 유식학과 중관학의 지혜로 어떻게 이 순간에 대처를 하면 좋은 가에 대해서 이야기 해 보자.

물론 이 시드파 바르도에서 발생하는 현상들은 다양하다. 그러나 중요한 일은 이런 현상들이 모두 다 허상이고 환영이라고 아는 것이 필요하다.
즉, 앞에서 살펴본 바와 같이 이런 현상들이 모두 다 내 마음 속에서 생겨서 바깥으로 투사되어 나온 것이라는 것을 알아야 한다.
이렇게 생각하고 마음을 모아 고요한 경지를 명상하는 것이다.
즉, 적정(寂淨)의 고요한 곳을 명상하는 것이다.
이 고요한 곳은 물론 아무것도 없는 텅 텅 빈 공성(空性)의 경지를 말한다.
이렇게 적정의 경지, 즉 공성(空性)에 대해서 명상을 하면 자연히 눈 앞에 나타나는 모든 환영의 형상들이 다 사라져 버린다.
다시 말하면, 시드파 바르도에서 벌어지는 모든 현상들이 다 사라져 버린다.

이렇게 되면 환생을 준비하는 중음기인 시드파 바르도에서 다시 태어나는 과정을 뛰어 넘을 수가 있는 것이다.

 물론 이 환생을 준비하는 중음기에서 가장 중요한 일은 다시 태어날 영역이나 세계를 잘 선택해야 하는 일이다.
즉, 육도윤회(六途輪廻)하는 여섯 영역인 지옥, 아귀 지옥, 축생의 영역, 아수라, 인간 그리고 천상의 여섯 세계 중에서 인간과 천상의 세계를 선택해야 한다.
인간은 물론 고통이 기본적으로 존재하는 세계이다.
하지만, 인간 세계의 고통은 우리가 감내할 수 있는 정도이다.
이런 고통이 있기 때문에 수행을 해서 이런 고통을 다 없애려고 하는 마음을 가지게 되는 것이다.

 이런 이유로 해서 인간의 세계를 선택해야 하는 것이다.
물론 천상을 제외한 다른 영역들은 고통이 너무 심해서 도저히 수행을 생각할 수도 없는 것이다.
그러므로 반드시 인간과 그리고 항상 즐거움만이 있는 천상을 선택해야 하는 것이다.
이런 면에서 본다면, 항상 즐거움만이 있어서 수행을 할 필요성을 못 느끼는 천상보다는 견딜만한 고통이 있기 때문에 수행을 하는 인간의 영역이 가장 나은 곳임을 알 수 있을 것이다.

이와 같이 이 시드파 바르도에 있어서도 유식학과 중관학에서 가르치는 공성(空性)에 대해서 알고 그에 대해서 명상

을 한다면 다음 생에서 고통스러운 영역에서 태어나는 것
을 방지할 수가 있는 것이다.

이렇게 유식학과 중관학에 대해서 우리가 공부를 하고 수
행을 한다면 사후의 세계인 중음기의 모든 단계에서 쉽게
해탈을 하여서 영원한 대 자유의 세계로 갈 수가 있는 것
이다.

14. 요가(yoga)의 역사

 여기서 요가를 다루는 것은 타당한 이유가 있다.
사실, 티벳 불교는 티벳 요가(Tibetan Yoga)라 불릴 만큼 인도의 요가와 밀접한
관련이 있다.
인도의 후기 밀교(密敎) 불교의 전통을 티벳 불교가 그 전통을 이은 것이기 때문이다.
흔히 인도 후기 불교를 탄트라 불교(Tantric Buddhism)라고 말한다.
전통적인 인도의 요가는 다분히 정신적인 면을 강조하고 있다.
요사이 서구에서 인기를 얻고 있는 요가는 이런 요가를 수행할 때 기초가 되는 육체적인 자세를 발달 시킨 것에 불과하다.
즉, 전체 요가의 체계 중에서 극히 일부분인 자세를 중시하여서 발달 시킨 것이다.
그러나 인도 후기의 요가 체계에서 이러한 육체적인 것을 중시하는 요가 체계가 발달하기 시작했다.
이것이 하타 요가(Hatha Yoga)이다.
즉, 정신적인 진리를 추구하는 수행에 육체적인 요소의 개발도 중요하다고 하는 생각인 것이다.

이러한 정신적인 깨달음을 성취하는 데에 육체적인 요소를 발달 시키는 것이 중요하다고 생각하는 하타 요가이다. 여기서 더욱 발달한 것이 탄트라 요가(Tantra yoga)

이다. 즉, 정신적인 깨우침을 얻기 위하여 육체의 힘을 빌리는 것이 탄트라 요가의 특징이라고 할 수 있다.

탄트라는 진언, 호흡법, 몸의 동작, 몸의 에너지 흐름, 만달라, 성적 행위를 깨달음의 도구로 사용하기도 했다.

이러한 순수한 정신적인 요가의 체계에 육체적인 요소의 중요함을 강조한 하타 요가의 가장 극단적인 요소가 탄트라 요가인 것이다.

이러한 인도 후기 밀교의 전통이 티벳 불교에 중요한 영향을 끼친 것이다.

그래서 티벳 밀교(密敎)를 흔히 티벳 탄트라 불교(Tibetan Tantric Buddhism)이라고 부르는 것이다.

(1) 인도의 전반적인 요가의 역사

 기원전 4~2세기경에 저술된 파탄잘리의 요가 수트라(The Yoga Sutra of Pantanjali)에서 성자 파탄잘리는 요가를 이렇게 정의했다.
"요가는 마음을 고요히 하는 것이다(Yoga is to still the patterns of Mind)."
물론이다!
모든 깨달음을 얻기 위한 수행은 그 기본 조건으로서 마음을 고요히 해야 한다.
그리고 그 고요함이 더 깊어져서 마침내 마음조차 사라진 그 곳에 진리가 드러나는 것이다.
이러한 의미에서 비록 파탄잘리의 요가 수트라(經)에서 명상을 요가의 한 부분으로서
설명했지만, 요가와 명상을 같은 의미로 사용해도 오늘 날에는 별 문제가 없을 것이다.

 이러한 요가의 종류는 그 발전해 온 역사만큼 다양하다.
즉, 요가의 종류가 많다는 것이다.
라자 요가, 카르마 요가, 박티 요가, 갸냐 요가, 하타 요가, 탄트라 요가, 쿤달리니 요가, 크리야 요가, 아쉬탕가 요가...등등등

 인도 요가의 역사는 거의 5천 년 전으로 거슬러 올라간다.
인도의 최초의 문명인 인더스 문명으로 일컬어지는 모헨조

다로 와 하랍파 문명에서 가장 원시적인 요가의 형태가 발견되어 진다.

그것은 요가 자세를 취하고 있는 성자의 인장(印章)에서 요가의 최초의 기원을 추측할 수 있다.

이런 요가의 흔적으로 미루어 보아 약 5천 년전의 토착의 인도 사회에서 요가가 어느 정도 행하여 졌음을 알 수 있다.

그러나 요가의 실질적인 발달은 아리안(Aryan)족의 인도 침공이 있은 이후의 시기라고 할 수 있을 것이다.

약 서기전 1500년에서 1200년 정도의 시기에 인도를 침공해서 정복한 아리안족의 종교와 문화에서 요가의 흔적을 많이 발견할 수 있다.

아리안 족의 첫 번째 종교인 베다(Vedas) 시기에 여러 가지 그림이나 조각에 요가를 시행했던 흔적이 많이 남아 있다.

그들은 아마도 요가나 의식을 통해서 우주와의 합일을 경험했던 것으로 보인다.

그러나 요가가 본격적으로 성행했던 것은 베다 시대를 뒤이은 서기전 8~4세기 경의우파니샤드(Upanishads) 시대에 일어났다.

이 시기는 많은 숲속의 성자들이 인간에 대한 새로운 가능성을 찾았던 시기이다.

즉, 인간의 순수한 영혼인 아트만(Atman)이 곧 우주의 절대자인 브라만(Brahman)이라고 하는 사상을 발견하게 된 시기이다.

다시 말하자면, 인간이 곧 우주의 신과 같다라는 사상인 것이다.

자연에 내재해 있는 신(神)이 인간의 모든 운명을 관장하고 있다고 하는 베다 시대의 종교관 과는 판이하게 다른 철학인 것이다.

우파니샤드 시기에 와서 진정한 인간의 가치를 찾은 것이다.

이 시대의 철학은 "인간이 곧 신이다."라는 것이다.

이러한 사실을 숲속에서 요가 수행을 하던 성자들이 발견하게 된 것이다.

그후 이러한 많은 요가들의 전통을 하나의 철학 체계로 통합한 것은 약 기원전 4세기 경의 성자 파탄잘리(Patanjali)였다.

그는 그의 저서 "파탄잘리의 요가 경(The Yoga Sutras of Patanjali)"에서 그 동안 전승되어 내려오던 요가를 하나의 통합된 체계로 정리했다.

(2) 파탄잘리의 요가 수트라(The Yoga Sutras of Patanjalii)

 파탄잘리는 우파니샤드 이후 각각 단편적으로 존재해 왔던 인도 요가를 하나의 책으로 통합했다. 파탄잘리의 요가 경(經)은 서기전 5세기 경부터 파탄잘리가 저술 작업을 한 기원후 4세기에 걸치는 여기 저기 분포되어 있던 많은 요가의 방법들을 수집하여 하나의 체계로 만든 것이다.
이것을 팔지(八支)요가라 한다. 아쉬탕가 요가(Ashtanga yoga)라고도 한다.
즉, 파단잘리의 요가경(經)은 8가지 계층으로 나누어 진 것이다.
차례로 이러한 8가지 단계를 거쳐서 마침내 절대자(Kaivalya)가 되는 것이다.
파탄잘리의 요가 경(經)에서 제시된 8단계는 다음과 같다.

 야마(Yama), 니야마(Niyama), 자세(Asana), 호흡법(Pranayama), 감각의 통제(Pratyahara), 집중(Dharana), 명상(Dhyana) 그리고 마지막으로 삼매(Samadhi)가 있다.
이들 중 앞의 다섯가지는 요가를 실수(實修)하기 위한 준비단계라고 할 수 있다.
즉, 본격적인 요가를 행하기에 앞서 몸과 마음을 깨끗이 하는 것이다.

a. 야마(Yama)는 수행자가 반드시 지켜야 하는 규율을 제시해 놓았다.

b. 니야마(Niyama)는 수행자가 지키면 좋은 권고 사항을 말한 것이다.

c. 아사나(Asana)는 자세를 말한다. 안정된 자세는 깊은 명상으로 이어진다.

d. 호흡법(Pranayama)은 요가 수행을 하기 전 호흡법을 행하여 몸과 마음이
명상을 잘 할 수 있는 상태로 만들어 주는 것이다.

e. 감각의 통제(Pratyahara), 즉 감각으로 오는 즐거움을 취하지 않는 것이다.

f. 집중(Dharana)은 요가 수행을 할 때 수행의 대상에 마음을 온전히 집중하는 것이다.

g. 명상(Dhyana)은 요가 명상의 대상을 관찰하는 것이다. 즉, 대상을 관찰함으로 해서 진리를 성취하려고 한다.

f. 삼매(Samadhy)는 집중과 명상이 고도로 이루어 졌을 때 주관과 객관이 다 없어지는 단계를 말한다.
거기에는 모든 차별적인 이 세상의 일들이 모두 사라지고 하나의 텅 빈 공성(空性)의 세계가 펼쳐지는 것이다.

본격적인 요가 명상은 6, 7, 8 번째 단계에서 행해진다.
집중(Dharana)는 한곳에 마음을 집중하는 방법이다.
대상에 자기의 마음을 집중하는 요가 수행이다.
집중만을 수행해도 깨달음을 성취할 수 있다.
명상(Dhyana)는 수행을 하는 대상의 실상(實相)을 관찰하는 것이다.
이렇게 대상을 관찰 하다보면 진리가 나타날 수 있는 것이다.

삼매(Samadhi)는 앞에서 말한 모든 단계를 요가 수행을 한 결과로서 발생하는 것이다.

8단계로 이루어진 파탄잘리의 요가 수트라의 마지막 완성 단계이다.

이 삼매(三昧)는 깨달음이 발생하는 단계이다.

즉, 삼매에 들었으면 깨달았다고 보아도 무방한 것이다.

삼매의 상태는 주관과 객관, 즉 나의 몸과 마음 그리고 온 우주 삼라만상이 다 없어지고 하나인 공성(空性)만이 존재한다.

이와 같이 파탄잘리는 요가 수트라에서 고대에서부터 발전되어온 많은 요가 방법들을 집대성 하여 8가지 단계로 이루어진 요가 체계를 완성하였던 것이다.

그러나 이 요가 경은 주로 정신적인 면에 치중해서 수행하는 방법이다.

이것이 후대에 나타나는 하타 요가(Hatha Yoga)나 탄트라 요가(Tantra Yoga)와는 많은 다른 점을 가지고 있다.

즉, 하타 요가와 탄트라 요가는 육체적인 에너지를 사용하여 깨달음을 얻고자 하는 요가 수행법이다.

(3) 하타(Hatha yoga)와 탄트라 요가(Tantra Yoga)

 지금까지의 요가는 주로 정신적인 면에 치중해 온 요가 명상이었다.
그러나 기원후 4세기 경부터 8세기에 걸쳐서 요가 수행을 하는 데에 있어서
육체적인 면을 강조하는 하타 요가가 성행하게 되었다.
이 하타 요가로부터 육체적인 면을 요가 수행에 중요히 하게 되는 요가 수행법이 개발되었다.
탄트라 요가(Tanta Yoga)나 쿤달리니 요가(Kundali Yoga)같은 요가의 기법들이 있다.

a) 탄트라 요가(Tantra Yoga)

 탄트라(Tantra)의 의미는 "확장하다"라는 말이라고 한다.
"의식의 확장"을 말하는 것이다.
한 마디로 탄트라 요가는 깨달음을 얻기 위하여 육체의 힘도 빌리는 것이다.
즉, 육체를 건전하게 개발해서 정신적인 깨달음을 얻는 데 많은 도움을 받자는 취지이다.

 "깨달음"은 항상 정신적인 것이다.
깨달음을 얻는 데에 육체적인 요소를 가미(加味) 한다고 해도 깨달음은 정신적인 면에서 온다.
이러한 깨달음을 이루기 위한 전제 조건으로서 육체를 개

발하는 많은 방법들이 탄트라 요가 안에서 생겨났다.

만트라(진언), 무드라(육체의 동작), 의식(종교 의식), 시각화 명상, 만달라(우주의 형상에 명상하기) 그리고 여러 가지 다양한 육체를 개발하기 위한 자세...등등이 있다.

이러한 탄트라 요가가 기원후 7~8세기에 인도 후기 불교에 많이 가미가 되었다.

그래서 이 즈음에 인도 후기 불교를 받아들인 티벳 불교에 탄트라 요가의 기법들이

많이 도입된 것이다.

오늘날의 티벳 불교를 흔히 티벳 탄트라 불교(Tibetan Tantric Buddhism)라고 부르는 이유가 여기에 있다고 할 것이다.

b) 쿤달리니 요가(Kundalini Yoga)

 티벳 불교가 태동하기 시작한 7~8 세기에 인도에서 탄트라 불교가 성행하게 되었다.

이러한 시대에 티벳 불교가 많은 부분 탄트라 불교를 받아들인 것이다.

이 시대의 인도에는 이미 하타 요가가 성행을 하고 있었고, 이 하타 요가의 영향을 많이 받은 탄트라 요가도 성행을 하고 있었다.

이런 하타 요가와 탄트라 요가의 영향을 많이 받은 쿤달리니 요가 또한 이 시대에 통용된 듯이 보인다.

물론 티벳 불교의 수행법에도 쿤달리니 요가의 흔적들이

많이 보인다.

 기본적으로 쿤달리니 요가는 육체의 에너지를 깨달음에 이용하는 요가의 기법이다.
인체의 배꼽과 성기 사이에 위치하고 있는 물라드하라 짜끄라로부터 몸의 가장 높은 부분에 있는 사하스라라 차크라에 이르기 까지 일곱 개의 짜끄라가 존재한다.
물론 위로 올라 갈수록 정신이 더 고도화된 상태이다.
배꼽밑에 있는 물라드하라에 존재하는 가장 기본적인 우주의 에너지를 깨우는 것이 제일 먼저 할 일이다.
이 물라드하라 차크라(Chakra)의 에너지를 각성 시켜 서서히 위에 있는 차크라들을 일깨워서 마침내 머리의 정수리에 있는 사하스라라 차크라를 각성 시키면 우주 의식과 통합되면서 깨달음을 성취하게 된다.

 차크라는 우주 에너지가 뭉쳐져 있는 에너지 센터를 말한다.
배꼽과 성기 사이의 회음부(물라드하라 차크라)에 우주의 에너지인 샥티(Shakti)로 존재하고 있다.
이 에너지는 뱀처럼 또아리를 튼 형테로 물라드하라 차크라에 존재한다.
이 기본적인 물라드하라 차크라에 있는 우주 에너지를 각성(覺醒)시켜서 점점 더 위쪽에 있는 다른 차크라들을 일깨우는 것이 쿤달리니 요가인 것이다.
이와 같이 차크라는 각 에너지 센터를 말하며, 여기에는 우주의 에너지가 뭉쳐져 있는 것이다.

이 뭉쳐져 있는 우주의 에너지인 샥티를 열어서 마침내 머리의 정수리에 있는 사하스라라 차크라를 뚫으면, 즉 각성시키면 그 순간 이 수행자는 내부에 있는 샥티라는 여성 우주 에너지와 몸 바깥에 있는 남성 우주 에너지인 쉬바(Shiva)가 통합되면서 방출하는 어마어마한 황홀감을 느끼게 된다.

이것이 우주 의식이 열리는 순간이며 가장 고차원적인 깨달음인 것이다.

이러한 깨달음이 쿤달리니 요가의 목적인 것이다.

7개의 차크라(Chakra), 즉 우주 에너지 센터에 대해서 알아보자.

차크라는 에너지가 응축 되어 있는 곳을 말한다.

이러한 에너지가 응축되어 있는 차크라가 7 군데 있다.

쿤달리니 요가의 수행자는 이 7개의 에너지가 응축된 차크라를 뚫어서 에너지가 위로 흐르게 해야 한다.

이것이 수행의 요점이다.

이러한 육체 내의 막강한 우주 에너지를 몸 위로 끌어 올려서 마지막 차크라인 정수리 부분의 사하스라라 차크라를 통하여 우주로 방출하는 것이다.

이러한 육체 내의 우주 에너지를 샥티라고 한다. 여성 에너지이다.

이러한 육체 내의 에너지를 다 뚫어서 마지막 정수리에 있는 사하스라라 차크라를 통해서 밖으로 나가면 즉시 몸 바깥에 존재하는 남성 우주 에너지인 쉬바(Shiva)와의 합일을 이루게 된다.

이때 엄청난 황홀경인 엑스타시(Ecstacy)를 느끼게 되면서 우주 의식을 체험하게 된다.

이것이 쿤달리니 수행의 마지막 단계이며 궁극적 진리의 경지이다.

우리 육체 내의 여성 에너지인 샥티와 바깥에 존재하는 남성 에너지인 쉬바와의 합일(合一)을 하여 순수 우주 의식을 체험하는 것이 쿤달리니 요가의 마지막 경지인 것이다. 이것을 성취하면 인간은 곧 불멸자(不滅者), 즉 영생(永生)을 사는 존재가 된다.

이러한 존재를 독존(獨存), 즉 카이발랴(Kaivalya)라고 한다.

육체 내의 에너지가 뭉쳐져 있는 7군데의 차크라를 살펴보자.

*물라드하라 차크라(뿌리 차크라)
꼬리 부분의 회음부에 마치 뱀처럼 또아리를 틀고 있다.
이 차크라가 가장 원초적인 육체의 힘을 나타낸다.
이렇게 이 **뿌리** 차크라는 우리 몸속에 있는 여성 우주 에너지인 샥티(Shakti)이다.
가장 근본적인 **뿌리** 차크라를 흔들어 일깨우는, 즉 각성시키는 것이 중요하다.

*스와드히스타나 차크라(천골 차크라)
성기 위와 배꼽 아래에 위치해 있다.

*마니뿌라 차크라(태양 신경총 차크라)
복부에 위치해 있다

*아나하타 차크라(심장 차크라)
심장에 위치해 있다.
이 차크라는 정신적인 것과 관계가 있는 차크라이다.
여기서부터 정신적인 수행이 시작된다.

*비슛드하 차크라(목 차크라)
이 차크라는 허공(虛空)의 요소와 관계된다.
정신적인 깊이가 점점 더 심오해 지는 단계이다.

*아갸 차크라(미간 차크라)
양 눈썹 사이에 존재하는 차크라이다.
여기를 뚫으면 대도(大道)를 성취하는 것이 된다.
이 차크라를 "제 3의 눈"이라고도 한다.
여기서부터는 성인(聖人)의 지위를 부여 받는다.
스스로 빛나는 우주 의식이 어디에나 편재 하여 있다는 것
을 확실히
아는 경지이다.

*사하스라라 차크라(정수리 차크라)
머리의 정수리에 있는 범혈(凡穴), 즉 브라만의 구멍에 있
는 차크라이다.
육체의 모든 차크라를 뚫고 마지막 사하스라라 차크라를
뚫어서 몸 바깥에

있는 남성 우주 에너지 쉬바와 만나는 것이 마지막 진리의
경지이다.

이 정수리 차크라를 통하여 밖으로 **빠져** 나간 우주의 여성
에너지 샥티가 밖에 존재하던 남성 우주 에너지인 쉬바
(Shiva)와 합일을 하게 된다.

이럴 때 쿤달리니 요가의 수행자는 완전한 깨달음인 우주
의식을 체험하게 된다.

그리고 그는 최고의 경지인 독존(獨存), 즉 카이발랴
(Kaivalya)가 되는 것이다.

이 카이발랴는 이제 삶과 죽음을 초월한 영원한 불멸자(不
滅者, Immortality)가 된다.

위에서 살펴본 쿤달리니 요가의 많은 핵심 요소들이 또한
티벳의 탄트라 밀교의 수행 체계에 많이 들어 있다.

(4) 티벳의 토속 종교인 본(Bon)교.

 불교가 티벳에 전래 되기 오래 전부터 티벳에는 본(Bon)교라는 토착 종교가 존재해 왔다.
본교는 티벳의 사회 전반에 걸쳐 막강한 영향력을 행사한 것이다.
본교는 기본적으로 샤머니즘적인 것으로서, 자연물을 숭배했다.
즉, 모든 자연에 신비한 힘을 가진 초월적 존재인 정령이 있다고 믿었다.
이러한 본교의 승려가 티벳 사회에 큰 영향력을 가졌음은 틀림이 없는 사실이다.
본교는 그 자체의 경전과 교리 체계를 가지고 있었다.
사람이 죽으면 그 영혼이 또 다른 어디인가로 간다고 하는 일종의 영혼 불멸같은 신앙도 있었던 것이다.

 점을 치기도 하였으며, 악마를 퇴치하는 방법 그리고 예언을 하는 것등 의례를 통한 주술 신앙이 성행하였다.
이러한 본교의 전통은 나중에 전래된 불교와 비슷한 양상도 가지고 있었다고 볼 수 있다.
이러한 이유로 본교는 티벳에 불교가 전래된 이후에도 불교와 잘 융합되어 졌다.
물론 티벳에 전래된 불교도 본교의 교리와 의례를 어느 만큼 받아 들이게 되었다.
이와 같이 불교는 티벳의 토속 신앙인 본교를 어느 정도 받아 들이게 된 것이다.

그래서, 티벳 불교는 토속적인 본교의 교리와 의례를 받아들이면서 티벳 사회에 정착된 것이다.

그리하여 오늘날의 티벳 불교에서 원시 토착 종교인 본교의 색채가 짙게 남아있다.

15. 티벳 탄트라 불교(Tibetan Tantric Buddhism)

(1) 티벳 탄트라 불교의 역사

 티벳 불교는 서기 7세기 말 티벳의 송첸 감포 왕이 인도 불교 스승들에게 티벳에 와서 불교를 가르쳐 달라고 부탁을 한 사건에서 비롯된다.
그 때 까지 티벳 사람들은 샤머니즘적인 토착적인 본(Bon) 종교를 믿고 있었다.
본교는 다분히 무속적인 믿음을 가지고 있었다.
자연에는 그들 나름대로의 신과 정령들을 가지고 있다고 믿는 이 종교는, 많은 의식들과 기원 의식을 기반으로 하고 있었다.
이렇게 불교가 티벳에 전래된 이후 몇 세기 동안 티벳에서는 국가의 보호아래 불교가 성행되어 왔다.

 그리고 8세기 중엽에 티벳 왕 트리종 데첸이 인도 나란다(Nalanda)불교 대학의 학장이던 산타락시타와 위대한 대성취자이신 파드마삼바바를 티벳에 불교 승단(僧團)을 확립하려고 초청했다.
이들은 아직까지도 존재하는 티벳의 가장 오래된 불교 종파인 닝마(Nyingma)파를 창시하였다.
그리고 또한 데첸 왕의 사신들은 인도에 가서 불교 경전을 연구하였고 불교 경전을 티벳어로 번역하였다.

 그러나 9세기 랑다르마 왕은 티벳의 불교를 불법으로 규

정하고 심한 박해를 했다.

랑다르마 왕이 죽은 후에 티벳은 내전과 정치적인 혼란을 겪게 되었다.

그리고 나서, 10세기에 들어와서 다시 인도 스승들을 초청하게 되었고 또한 많은 티벳의 역경사들과 학자들을 인도에 보내서 여러 학파와 법맥의 가르침을 배워오게 하였다.

이러한 새로운 학파의 가르침 중에는 최초로 탄트라도 포함되어 있었다.

이러한 새로운 학풍들의 도입으로 많은 위대한 티벳 스승들이 배출 되었으며 다양한 불교의 법맥이 형성되어 후대에 전승되게 되었다.

이리하여 티벳 불교는 인도 불교의 다양한 수행 체계를 도입하게 되었다.

동남 아시아의 소승 불교는 물론 , 대승 불교 그리고 금강승(金剛乘)도 도입하게 되었다.

금강승은 만트라(진언), 무드라(손의 동작), 만달라(우주의 도형) 그리고 요가 기법을 포함하고 있었다.

이러한 것이 후일 티벳 불교가 금강승(金剛乘, Vajrayana)으로 불리어지게 된 이유이다.

그러나 12세기 이후 이슬람 국가의 인도 침공으로 불교는 심대한 피해를 받았다.

불교가 인도에서 급속히 사라진 이유 중에서 가장 큰 요인은 아마도 이러한 이슬람의 불교 파괴일 것이다.

이후 인도에서 불교는 거의 그 명맥이 사라지게 되었다.

그러나 다행히도 티벳 불교가 그 유산을 물려 받게 되었다.

오늘 날까지도 인도 불교의 유산을 상속 받은 티벳 탄트라 불교는 세계에서 뚜렷하게 그 위상을 떨치고 있다.

(2) 티벳 탄트라 불교의 4 종파(The four schools of Tibetan Tantric Buddhism).

위에서 살펴본 바와 같이 티벳 불교는 그 역사적 전개에 있어서 4개의 종파로 발전하게 되었다.
물론 이러한 다양한 종파의 발전은 티벳 불교의 역동적인 발전의 한 모습이다.
이제 각각의 종파의 특이한 점을 살펴보도록 하겠다.

a) 닝마(Nyingma)파(派)

닝마 파(派)는 티벳의 4대 불교 종파 중에서 가장 오래된 역사를 가지고 있다.
이 파(派)는 위대한 성취자 파드마삼바바를 그 종조(宗祖)로 삼고 있다.
파드마삼바바는 티벳에 불교 전파를 방해하는 많은 티벳의 신들과 악령들을 그의 신통력으로 제압하여 불교의 기초를 다져 놓았다.
특히 그는 티벳의 최초의 사원인 삼예사를 티벳의 악신들을 조복하여 건립하게 되었다.
이 닝마파의 중심 수행체계는 "족첸(Dzog Chen)"이다.
이것은 수행을 하여 "마음의 본질(the nature of mind)"을 발견하려는 수행법이다.
파드마삼바바가 이 족첸 수행법을 티벳에 전파한 이후에 이 수행법은 티벳 불교의 가장 중요한 수행법으로 전승되어 내려오고 있다.

b)카큐(Kagyu)파(派)

카큐 파는 11세기 경에 확립된 티벳의 한 종파이다.
인도의 위대한 수행자인 틸로빠로부터 그 맥이 이어져 왔
으며 그의 제자 나로빠로 전승되었다.
그후 티벳의 역경사인 마르빠로 전승되어 티벳의 한 종파
로 자리 잡게 된 것이다.
티벳에서 가장 존경 받는 수행자인 밀라레빠가 바로 이 마
르빠의 맥을 이은 선지식이시다.
이   카큐파(派)의   가장   중요한   수행법은   마하무드라
(Mahamudra)이다.
이 수행법은 닝마파의 족첸과 마찬가지로 "마음의 본질"을
규명하는데 그 주안점을 두고 있다.
그후 12세기의 성자인 감뽀빠에 의해서 그 맥이 전승되어
오늘날까지 티벳의 4대 종파중의 하나로 이어져 내려오고
있다.

c) 샤캬(Sakya) 파(派)

이 종파는 11세기의 성자 걀포에 의해서 창시되었다.
샤캬에 있는 샤캬사(寺)를 중심으로 활동하였기 때문에 샤
캬 파로 불리어 진다.
현교(顯敎), 즉 경전을 중시 하기도 하였지만 또한 밀교(密
敎), 즉 비밀스럽게 전해 내려온 교의를 신봉하기도 한다.
현교와 밀교를 다 같이 숭상하는 티벳 불교의 한 종파이
다.

d) 겔룩(Gelug) 파(派)

  현존하는 티벳의 최고의 정신적 지도자 이신 14대 달라이
라마가 소속되어 있는 티벳의 한 종파이다.
15세기에 쫑까빠 대사에 의해서 창시 되어진 티벳의 4대
종파중 하나이다.
쫑까빠 대사에 의해서 인도로부터 전래된 여러 갈래의 불
교 전통을 하나의 철학 체계로 정리되었다.
이와 같이 겔룩 파(派)는 인도로부터 전래된 중관학
(Madyamika)의 전통을 장 승계한 종파이다.
그래서 불교에 대한 철학적 분석과 탄트라 수행을 중심으
로 하는 사원 중심의 새로운 종파의 맥을 오늘 날까지 유
지 계승하고 있다.

16. 티벳 사자의 서(書) 개괄
(The Tibetan Book of the Dead: Bardo Thodol)

 우리의 죽음은 필연적이다. 인간으로 태어난 이상 죽음을 피할 수는
없다. 언제 그 순간이 오리라는 것을 정확히 알 수는 없지만 말이다.
이 죽음의 순간에 우리를 구제해 줄 수 있는 고마운 선물이 있다.
바로 "티벳 사자의 서(書)"이다.
영어로 번역한 명칭이 "The Tibetan Book of the Dead"이고 티벳어 원문으로는 "바르도 퇴돌(Bardo Thodol)"이다.

 바르(Bar)는 "사이"라는 뜻이고 도(Do)는 "둘"이라는 뜻이라 한다.
그러니까 바르도(Bardo)는 "둘 사이", 즉 "죽음과 환생의 사이, 중간상태인 중음기(中陰期)"를 말한다.
우리나라에서 절에서 지내는 49재가 이 중음기의 상태에 있는 영가를 천도하는 의식인 것이다.
그래서 중음기는 영가가 죽음후에 다시 환생하기 까지의 사이에 해당하는 49일 동안을 말하는 것이다.

 퇴돌(Thodol)은 티벳어로 "듣는 것만으로 영원한 해탈, 자유에 이르는 위대한 가르침"이라고 한다.
그래서 "바르도 퇴돌(Bardo Thodol)", 즉 티벳 사자의 서

(書)는 "중음기의 상태에서 듣는 것만으로 영원한 자유에 이르는 위대한 가르침"이라는 뜻이 된다고 할 수 있겠다.
즉 죽음과 환생의 중간기인 중음기(中陰期) 49일 동안에 생전에 불교 수행을 하지 않았더라도 이 "티벳 사자의 서" 내용을 다른 사람이 낭송해 주는 것을 듣기만 하여도 쉽게 해탈을 하여 생사를 초월하는 대자유를 얻게 된다는 말인 것이다.

이 49일 동안의 중음기는 3단계로 나누어지며, 각각의 단계에서 일어나는 현상이 다르다.
물론 이 각각 다르게 일어나는 중음기에서의 현상에 따른 대처법이 "바르도 퇴돌"에 자세히 언급되어 있다.
사자(死者)는 살아있는 다른 가까운 사람이 읽어주는 이 "티벳 사자의 서(書)"의
내용을 듣고 각각의 중음기의 단계에서 벌어지는 현상과 그 현상에 대한 대처법을 들음으로써 비록 생전에 불교 명상 수행을 해서 깊은 이해나
깨달음이 없었다 할 지라도 사후의 중음기에서 이 티벳 사자의 서(書)를 낭송해 주는 것만 들어도 쉽게 깨달아서 해탈을 할 수가 있다는 말이다.
이 말과 같이 "티벳 사자의 서"는 살아생전에 불교 명상 수행을 미리 하지 못한 우리 중생들에게 엄청난 희망을 주는 경전이라고 할 수 있을 것이다.

이러한 "티벳 사자의 서, 즉 바르도 퇴돌"은 세 부분으로 나누어져 있다.

즉, "치카이 바르도(죽음의 순간의 바르도, 즉 죽음의 순간의 중음기)"와 "초에니 바르도(법성의 바르도 또는 중음기)" 그리고 마지막 "시드파 바르도(재생 또는 환생의 바르도)"로 나누어진다.

  앞으로 이러한 중음기의 각각의 단계에서 벌어지는 현상과 그에 대한 대처법을 알아봄으로써 우리가 쉽게 이 중음기(中陰期)에서 해탈을 하여 영원한 자유를 누릴 수 있는 방법을 알아 보기로 하자.

17. 티벳 사자의 서(書)의 저자-파드마삼바바 (Padmasambhava)

생사(生死)의 경계를 넘나드는 사람들-히말라야의 수행자(修行者)들

눈 덮힌 히말라야(Himalaya)의 깊숙한 동굴에서 삼매(三昧)의 희열에 잠겨있는 밀교(密敎)의 대성취자(Mahasiddhi)이신 구루 린포체(Guru Rinpoche, 위대한 스승) 파드마삼바바(Padmasambhava)라는 분이 계셨다.
파드마삼바바라는 말은 "연꽃에서 태어난 사람"이라는 뜻이다.
어느날 인도의 우디야나 왕국의 왕이 다냐코샤 호수 주위를 행차하시다가 그 호수에 있던 연꽃 위에서 아기가 태어난 것을 발견하시고 왕궁에 데려가서 왕자로서
키웠던 것이다
그래서 이 밀교의 대성취자이신 파드마삼바바는 "연화생대사(蓮華生大師, Lotus Born Master)라고 불리어진다.

파드마삼바바 대성취자께서는 약 1200여년전인 서기 8세기에 주로 활동하셨던 분이시다.
지금 인도의 파키스탄 지역인 우디야나(Uddiyana) 왕국의 왕자로서 성장을 하셨다.
하지만 속세의 생활에 회의를 느끼고 출가하여 불교 대학인 나란다(Nalanda) 대학에서 전통적인 불교의 모든 학문을 섭렵하셨다.

그후 아프가니스탄을 비롯하여 히말라야지역과 심지어는 미얀마까지 가서 위대한 스승들 밑에서 밀교 수행을 했던 것이다.
특히 그 시대 밀교의 중심지였던 인도의 벵갈 지역에서 수행을 많이 하셨다.

 이후 밀교의 교법을 완성하시고 난 다음 인도에서 교화활동을 하고 계시던
때에 티벳의 불교의 위대한 옹호자 티송 테첸 왕의 부름을 받고 티벳으로 건너 가시게 되었다.
티벳의 티송 테첸왕이 파드마삼바바를 티벳으로 초청한 이유는 다음과 같다.
티벳에 불교가 정식으로 도입된 시기는 7세기 경인 송첸 감포왕의 시기였다.
그러나 티벳의 전통 종교였던 본(Bon)교의 세력 때문에 그 확장세가 여의치 못하였다.
그래서 그후 8세기의 티송 테첸왕이 티벳 최초의 사원인 삼예사(寺)를 창건 하려고 하였지만 본교이 사제들이 흑마술로 악령들을 불러 삼예사의 건축을 방해하였다.
이에 그 당시 이미 그 도력(道力)과 신통력이 널리 알려진 파드마삼바바를 티벳에 초청하여 본교의 악령들을 제거 하기위하여 티송 테첸왕이 파드마삼바바 대성취자(Mahasiddhi)를 티벳에 초청하게 된 것이다.

 티벳으로 가기 위하여 히말라야 산맥을 넘어가는 동안에도 파드마삼바바께서 티벳에 가지 못하게 많은 악신과 악

령들이 훼방을 하였지만 대사께서는 이러한 악령들을 다 신통력으로 제압하시고 마침내 티벳 땅에 당도하게 되었다.

 이후 연화생 대사께서는 삼예 사원의 건립을 방해하는 본교의 모든 악령들을 도력과 신통력으로 제압하셨다.
마침내 티벳 최초의 사원인 삼예사(寺)가 창건되게 되었다.
이와 같이 파드마삼바바께서는 이러한 신비한 도력(道力), 즉 기적과 같은 신비한 신통력을 발휘하여 히말라야의 각 지역에 있는 토착신과 같은 악령들을 다 굴복시키고 이 지역을 전부 불교를 신봉하는 곳으로 만들었다.

 이러한 히말라야의 수행자들은 하늘을 나는 것도 보통의 일처럼 행하는 그러한 신비한 능력을 가지고 있었다. 분신술을 행하여 코끼리떼로 그 모습을 바꾸기도 하고 물위를 걷는 능력도 흔히 보였다고 한다.
또한 바위를 황금덩어리로 바꾸기도 했다고 한다.
실제로 파드마삼바바께서 인도의 라호르 지역에 있을 때 그 나라의 왕이 이 대 성취자를 화형에 처했는데 몸에서 물이 솟아나와서 그 불을 껐다는 전설이 있다.
 이러한 신비한 도력(道力)과 신통력(神通力)을 보임으로써 히말라야 일대의 왕국 전역에서 불교를 받아 들이게 했던 것이다.

18. 티벳 사자의 서(書)-바르도 퇴돌의 탄생

이와 같이 오늘날 티벳의 탄트라(Tantra)불교는 바로 이 구루 린포체(Guru Rinpoche), 즉 파드마삼바바에 의해서 전파된 것이 그 기원이라고 할 수 있다.

파드마삼바바 대성취자(Mahasiddhi)가 티베트의 전통 종교인 본(Bon)교의 악령과 악신들을 다 조복시키고 본교를 불교에 흡수해 버린 것이다.

이렇게 해서 티벳의 탄트라 불교가 자리 잡게 된 것이다. 이때가 서기 8~9세기 경이다.

이렇게 히말라야 지역의 밀교(Tantric Buddhism)의 전파는 많은 부분이 파드마삼바바, 즉 연화생(蓮華生) 대성취자의 신통력에 의한 것이었다.

또한 파드마삼바바는 큰 깨달음과 신비한 도력(道力)으로 많은 성스럽고 신비한 경전들을 남겼다.

이러한 파드마삼바바 대성취자의 귀중한 저작들은 그 당시 이교도들의 파괴를 피하기 위하여 히말라야 전역의 바위와 동굴에 숨겨졌다.

이러한 숨겨진 경전들을 복장(伏藏)이라고 하며, 후세의 안전한 시대에 이 숨겨진 경전, 즉 보물을 발견하는 사람들을 "퇴르툔"이라고 했다.

이 숨겨진 보물, 즉 파드마삼바바가 숨겨 놓은 경전을 찾는 퇴르툔 중에서 가장 유명한 사람이 14세기의 까르마 링빠라는 분이었다.

물론 이 티벳 사자의 서(書)도 이 까르마 링빠께서 감포다르 산에서 발견한 것이다.

이러한 티벳 사자의 서, 즉 바르도 퇴돌을 1920년대 옥스퍼드 대학의 교수인 에반스 웬츠(Evans Wentz)가 티벳 승려 카지 다와삼뚭의 도움을 받아서 영어로 번역하여 세상에 알려지게 된 것이다.

이와 같은 14세기의 숨겨진 보물, 즉 경전을 찾는 사람인 퇴르퇸 까르마 링빠가 찾은 숨겨진 경전이 많이 있지만, 그 중에서 가장 유명한 경전이 "티벳 해탈의 서"와 "티벳 사자의 서"가 있다.

"티벳 해탈의 서(The Tibetan Book of the Great Liberation)"는 불교에서 가장 중요한 개념인 마음에 대한 것이다.

즉 마음이란 어떠한 것이며, 왜 이 마음을 깨닫는 것이 중요한가 하는 것을 설명한 경전이라 할 수 있겠다.

파드마삼바바는 이러한 모든 만물을 포함하는 마음을 "한 마음(One Mind)"라고 했다.

물론 "티벳 해탈의 서"에서 설명한 "마음"에 대한 진리가 "티벳 사자의 서"에서 안내된 죽음과 환생의 상태를 설명하는 데에 있어서 가장 중요한 것이 된다고 할 수 있겠다.

"티벳 사자의 서(The Tibetan Book of the Dead)"는 죽은 사람이 다시 환생할 때 까지 거치는 49일 동안의 죽음과 환생의 중간 과정,

즉 중음기(中陰期)에서 일어나는 현상들에 대한 설명과 그

대처법을 설명한 것이다.

물론 이러한 중음, 중유(中有)의 과정을 깊은 명상 상태인 삼매(Sammadhi)중에서 직접 생사의 경계를 넘나들면서 체함한 실제의 경험을 기록한 것이 바로 이 "티벳 사자의 서(書)"인 것이다.

이러한 견지에서 보면, "티벳 사자의 서", 즉 "바르도 퇴돌"은 우리에게 가장 중요한 물음에 대한 해답을 줄 수가 있는 것이다.`

즉, 과연 죽음이 끝인가? 아니면 또 다른 삶의 시작인가? 죽음은 무엇인가? 어떻게 그것에 대한 준비를 해야 하는가?라고 하는 가장 근본적인 물음에 답을 줄 수가 있는 것이다.

다시 말하면, 이 "티벳 사자의 서(書)" 전체에서 말하고자 하는 "마음"에 대해서 우리가 근본적인 의문을 가지고 그것의 의미를 이해 하는 것이 중요하다고 할 수 있는 것이다.

왜냐하면 이것이 우리가 살아 있는 동안 그리고 죽음 후의 "진정한 나"에 대한 답을 해 줄 수 있기 때문이다.

19. 티벳 사자의 서-바르도 퇴돌의 전체적인 과정

티벳어 "바르도 퇴돌(Bardo Thodol)"을 영어로 번역한 제목이 "티벳 사자의 서(The Tibetan Book of the Dead)"이다.

"바르(Bar)"는 "사이, 중간(Between, Intermediate)"이라는 뜻이며 "도(Do)"는 "둘(Two)"이라는 말이라 한다.

그래서 "바르도(Bardo)는 둘 사이"라는 의미가 된다.

다시 말하면 둘은 죽음과 환생을 의미한다, 그래서 바르도는 죽음과 환생사이, 즉 사람이 죽어서 다시 환생할 때까지의 중간기(中間期), 중유기(中有期), 중음기(中陰期)를 말한다.

보통 이 과정 전체는 49일 이라고 한다.

"퇴돌(Thodol)"은 "듣는 것 만으로도 영원한 자유에 이르는 위대한 가르침"이라는 뜻이다.

그래서 "바르도 퇴돌(Bardo Thodol)"이란 "사후 세계의 중간 상태, 중음기에서 듣는 것만으로 영원한 자유에 이르는 위대한 가르침(The Great Doctrine of Liberation by Hearing while in the Intermediate State)"이라는 뜻이다.

이 바르도 퇴돌, 즉 티벳 사자의 서(書)를 죽은 자에게 들려주면 사자(死者)는 살아 있을 때 수행을 하지 않았거나 깊은 수행을 못 했더라도 죽은 후 중음기에서 쉽게 깨달아서 열반의 세계로 갈 수가 있는 것이다.

이런 가장 큰 이유 중의 하나가 사자의 의식(意識)이 생전보다 "9배" 정도 더 밝아 진다는 점에 있다.

 이러한 사후의 중음기의 과정은 크게 세 단계로 나누어 진다.
치카이 바르도(Chikhai Bardo), 초에니 바르도(Chonyid Bardo), 시드파 바르도(Sidpa Bardo)이다.
"치카이 바르도"는 "죽음의 순간의 바르도 또는 임종(臨終) 의 바르도"라고 하며 사후 3일 내지 4일 간의 기간, 즉 사 자(死者)가 죽음의 순간에 의식을 잃어 버리는 3.5일 간의 기간을 말한다.
"초에니 바르도"는 "존재의 근원을 체험하는 바르도 또는 법성(法性)의 바르도"라고 하며 치카이 바르도 이후 약 18.5일간 지속된다.
그리고 마지막 "시드파 바르도"는 "환생의 길을 찾는 바르 도 또는 재생(再生)의바르도"라고 하며 약 27일간 지속 된 다고 한다.
그래서 "중음기, 즉 사후와 환생 사이의 기간"이 총 49일 간이 되는 것이다.

[본문-티벳 사자의 서(書)]
 여기서부터 티벳 사자의 서(書)가 시작 된다.

20. 치카이 바르도-임종(臨終)의 순간의 바르도

 위에서 본 바와 같이 각 중음기, 즉 바르도(Bardo)를 지
날 때마다 사자(死者)의 영혼이 겪는 현상이 다르다.
죽어 가는 사람이 호흡을 들이 마셨지만 그 호흡을 내쉬지
못하는 상태가 바로 임종(臨終)의 순간인 것이다.
이 때가 되면 살아있는 사자(死者)와 같이 수행을 했던 도
반(道伴)이나 스승 또는 친구나 친지 아니면 목소리가 좋은
사람이 티벳 사자의 서(書)를 읽어 주어야 한다.
이 때 사자(死者)가 중음기(中陰期, 바르도)의 어떤 단계에
와 있는지를 아는게 중요하다. 사자(死者)가 중음기에서 처
해 있는 상태에 따라서 티벳 사자의 서(書)의 내용을 알맞
게 읽어 주어야 하기 때문이다.

 이 임종의 순간의 중음기가 시작 될 때에, 사자에게 티벳
사자의 서(書)를 읽어 주는 사람은, 사자의 시신(屍身) 가까
이에 앉아서 낭랑한 목소리로 읽어 주어야 한다.
이 때 사자의 가족이나 친지들은 슬피우는 소리를 내어서
는 안된다.
사자가 티벳 사자의 서(書)의 내용을 잘 알아 들을 수 있도
록 조용한 환경을 만들어 주어야 한다.

이렇게 준비가 다 되면 사자(死者)가 살아 생전에 잘 알고 있는 도반이나 스승 또는 친구, 친척들이 사자의 귀에 입을 가까이 대고 맑고 낭랑한 목소리로 사자의 서의 내용을 읽어 주어야 한다.

만약 사자의 가족이 재산이 넉넉하다고 한다면 많은 공양물을 부처님 전(前)에 올려야 한다. 그렇지 못한 형편이라면 마음으로 공양물을 만들어서 정성스럽게 공양을 바쳐야 한다.

그리고 나서 불보살님께 기원하는 기도문을 세 번 또는 일곱 번을 정성스럽게 사자에게 읽어 주어야 한다.

중음기의 첫 번째 단계인 치카이 바르도, 즉 임종(臨終)의 중음기에서의 가장 중요한 현상은 사자에게 "백색의 투명한 빛"이 나타난다는 것이다.

이 단계에서 사자의 영혼은 정광명(淨光明)이라고 하는 밝은 투명한 백색의 빛(clear light)을 보게 된다. 이 정광명(淨光明)은 존재의 근원(根源)인 법신(法身) 부처님으로부터 비춰져 오는 것이다.

존재의 근원이란 우리의 몸과 마음 그리고 우주 삼라만상의 근본(根本)을 말한다.

이것은 참 나, 진아(眞我)이기도 하고, 또한 우주의 근본, 원천을 말하는 것이다.

사자가 이 빛을 두려워하지 않고 이 빛을 근본적인 자기 자신의 자성(自性)
에서 나오는 것이라고 인식을 하게 되면 이 사자의 영혼은 그 즉시 대 자유를 성취하게 된다.

즉, 자기 스스로의 성품인 자성(自性)이 바로 불성(佛性)이고 존재의 근원인 것이다.

임종의 중음기에서 사자가 해탈하여 대 자유를 누리게 되는 방법에는 두 가지가 있다.
사자가 살아 생전에 수행을 열심히 하여서 자기 스스로 임종의 중음기에서 나타나는 현상이 무엇인가를 알아서 그에 대처하는 방법이 있다.
그러나 사자가 살아 생전에 수행을 하지 않아서 죽음의 순간, 즉 임종의 중음기에서 일어나는 현상이 무엇을 의미하는 가를 모를 경우는 살아있는 스승이나 도반(道伴) 또는 친구나 친척들이 "티벳 사자의 서(書)"를 낭송해 줌으로써 사자의 영혼이 중음기에서 잘 대처해서 대 자유를 얻는 방법이 있다.

(1) 첫 번째 정광명(淨光明)이 비춰오는 중음기(바르도)

이 치카이 바르도(임종의 중음기)에서는 이러한 정광명의 투명한 빛이 두 번 나타나게 된다

제 1 정광명(Clear Light)은 호흡이 멈추는 단계에서 일어난다. 즉, 들숨은 멈추었지만 날숨은 체내에 남아있는 상태에서 첫 번째 정광명(淨光明)이 나타난다. 이 백색의 투명한 빛, 즉 정광명(淨光明)을 사자의 영혼이 존재의 근원에서 나오는 빛이라고 인식하자마자 사자는 해탈을 하여 대 자유를 얻게 된다.

즉, 이 백색의 투명한 빛(Clear light)이 자기 자신의 자성
(自性)에서 나오는 것임을 알게 되는 순간 사자의 영혼은
해탈을 하여 대 자유를 누리게 된다는 것이다.
대 자유를 얻는 다는 것은 윤회에서 벗어나서 영원히 행복
한 존재가 된다는 의미이다.

 이렇게 사자가 죽음의 순간에 이르렀을 때 가족들은 사자
의 옆구리를 오른 쪽으로 눕히는 사자(獅子)의 자세를 취하
게 해야한다.
그리고 목의 동맥을 눌러야 한다. 이러한 행위는 사자의
영혼이 시신(屍身)의 정수리에 있는 범혈(梵穴), 즉 브라흐
만의 구멍으로 빠져 나오게 하려는 것이다.
사자의 영혼이 몸의 다른 구멍이 아닌 정수리의 브라흐만
의 구멍으로 빠져 나가야지 나쁜 세계가 아닌 좋은 세계로
가기 때문이다.
참고로 브라흐만은 인도 힌두교의 최고 신(神)을 의미한다.
그리고 인도 요가에서는 이 범혈(梵穴)을 사하스라라 차크
라 라고 하며 깨달은 자(者)의 영혼이 이 정수리의 구멍을
통하여 빠져 나간다고 한다.
이러한 첫 번째의 정광명(淨光明)이 사자의 영혼에게 비쳐
져 올 때 살아있는 사람들은 사자의 영혼이 이 백색의 투
명한 빛을 존재의 근원에서 비쳐져 오는 것임을 인식 할
수 있게 티벳 사자의 서(書)에 기록되어 있는 기원문을 낭
송해 주어야 한다.

 왜냐하면 이러한 백색의 투명한 빛인 정광명(淨光明)을

보고도 사자는 자기가 전생에서 지은 악업(惡業) 때문에 이 빛을 보고 놀라고 두려워서 이 정광명(pure clear white light)이 자기 자신의 내면에서 비추어 지는 자기의 자성(自性)이라는 것을 모르고 도망치게 된다.

이러한 경우에는 살아있는 스님이나 동료가 해탈(解脫)을 할 수 있도록 기원문을 낭독해 주어야 한다.

이런 살아있는 사람들이 읽어 주는 기원문을 사자(死者)가 받아 들이면 죽은 사람은 해탈을 얻게 된다.

치카이 바르도(죽음의 순간의 바르도)에서 낭송해 주는 기원문은 다음과 같다.

"고귀하게 태어난 OOO여,
그대가 존재의 근원(根源)으로 돌아가는 길을 찾아야 하는 순간이 왔다.
그대의 호흡이 멎으려 하고 있다. 그대는 살아 생전에 그대의 스승으로부터 존재의 바탕, 존재의 근원(根源)에서 비추는 투명한 빛을 체험하게 될 것이다.
그대여, 이 순간에 모든 것은 구름 없는 텅 빈 허공과 같이 아무것도 없는 세계를 볼 것이다. 아무것도 걸치지 않은 그대의 마음은 중심도 둘레도 없는 투명한 허공과 같다. 이 순간 그대 자신의 참나를 알라. 그리고 그 빛 속에 머물러 있어라."

이러한 기원문을 사자(死者)에게 반복적으로 읽어 주면 사자의 영혼은 해탈(解脫)할 기회를 가질 수가 있게 된다.

이 정광명이 나타나는 순간은 사자마다 다르지만 보통 밥

먹는 동안인 20~30분 동안에 일어나게 된다. 이 때 사자의
의식은 육체에 남아 있다.

(2) 두 번째 정광명(淨光明)이 나타나는 임종의 중음기

 제 2 정광명은 사자의 의식(意識)이 거의 육체를 떠날 즈
음에 사자에게 나타나게 된다. 사자가 첫 번째 정광명(淨光
明)을 체험하고 나서 밥 먹을 시간인 20~30분 쯤 뒤에 두
번째 백색의 투명한 빛이 나타나게 된다.
이 순간에도 사자는 자기가 죽었는지 살아 있는 지에 대해
서 명확하게 알지 못한다.
이러한 상태에서 사자의 영혼은 자기의 가족이나 친척, 친
구들을 보게 되고, 그들이 슬피 울고 있는 것을 보게 된다.
이때에는 아직도 사자의 업(業)에 의해서 일어나는 무시무
시한 환영들이 나타나지 않고 염라대왕의 소름끼치는 환영
도 나타나지 않는다.
이 때의 사자의 몸은 의식체(意識體) 또는 의생신(意生身)
이 된다.
즉, 사자의 살아 생전과 같은 형체가 없는 의식으로만 이
루어진 몸이 되는 것이다.
이 순간에도 역시 이 백색의 투명한 빛이 사자 자신의 자
성(自性)에서 비춰진 것이라는 것을 인식하게 되면 그 즉시
해탈하여 대 자유를 성취하게 된다.
그러나 이 임종의 순간의 중음기, 즉 치카이 바르도의 두
번째 정광명이 비쳐오는

순간에도 이 빛이 존재의 근원에서 나오는 자기를 구원하는 빛이라는 것을 모를 수가 있다.
그래서 사자가 이 빛을 자기의 구원의 빛임을 알 수 있도록 티벳 사자의 서(書)를 읽어 주어야 한다.

"고귀하게 태어난 아무개여 들어라! 지금 비쳐오는 백색의 투명한 빛은 다름아닌 존재의 근원인 비로자나 법신(法身)으로부터 나오는 것이다.
그대의 마음이 바로 존재의 근원이며 실재(實在)이다. 그것은 아무것도 없는 텅 비어 있는 것이다. 그래서 형상도 없고 텅 비어 있는 것이다.
이 아무런 형상이 없고 텅 비어 있는 것이 바로 그대의 마음이고 그대의 자성(自性)이다. 이것이 바로 존재의 근원(根源)이다.
그래서 그대에게 비쳐지는 빛은 그대를 구원하기 위해서 나타난 그대의 마음이다.
이렇게 텅 빈 것이 바로 불성(佛性)임을 깨닫고 거기에는 탄생도 죽음도 없는 것임을 알라. 그러므로 이 빛이 바로 그대의 본래의 마음임을 깨닫고 그 빛속에서 편안히 안주하라. 그러면 그대는 영원한 대 자유를 얻게 될 것이다."

이 두 번의 정광명이 비추는 동안에 단 한 번만이라도 이 투명한 백색의 빛이 우주의 모든 것의 근본 원인 또는 근본적인 원천이라고 인식하게 되면 그 즉시 사자의 영혼은

대 자유를 얻어 윤회계를 벗어나 열반(涅槃)의
세계에 들어가게 되는 것이다.

이러한 우주의 근본 원리 또는 근본 원천을 불교에서는 법
신(法身)이라고 한다. 즉 진리의 몸 또는 진리의 부처님이
라고 한다.

이와 같이 법신(Dharmakaya)은 우주의 근본 원리이다.
이 법신으로 부터 형상을 가진 우주 삼라만상이 나타나게
되는 것이다.

즉, 법신(法身)으로부터 우리가 살고 있는 이 우주가 생겨
났다는 것이다.

이러한 법신을 불교에서는 비로자나(Vairocana)부처님
또는 대일여래(大日如來) 또는 아미타 부처님이라고 표현
하고 있다.

그래서 첫 번째 임종의 바르도에서 사자의 영혼에게 나타
나는 정광명(淨光明)의 투명한 백색 빛은 이 법신(法身)이
드러나는 것을 본 것이다.

즉, 불교에서 말하는 법신은 다른 것이 아닌 불교의 최고
진리인 공성(空性)을 말하는 것이다.

또한 이 법신이나 공(空)은 다름아닌 사자 자신의 자성(自
性)이라고 할 수 있는 것이다.

왜냐하면 법신, 공(空)이 다른 것이 아닌 사자 자신의 자성
(自性)이 나타난 것이기 때문이다.

또한 여기서 말하는 투명한 백색 빛은 실제적으로 나타나
는 하얀 빛을 말하는 것이 아니라, 공(空)의 세계의 아무런
색도 소리고 빛도 없는 그러한 텅 텅 빈 공(空)의 밝은 세
계를 보는 것이다.

실제로 이러한 법신, 즉 공(空)의 세계는 어떠한 소리도 색깔도 빛의 형상도 없는 아무런 특색이 없는 텅 빈 그 자체일 뿐이다.

이러한 공(空)을 사자의 영혼이 볼 때 정광명의 빛으로 느끼는 것이다.

즉, 텅 빈 공이 백색의 투명한 빛으로 나타나는 것이다.

그래서 텅 빈 공이 정광명이고 또한 정광명의 텅 빈 공(空)의 특성이 되는 것이다. 공명불이(空明不二), 즉 텅 빔과 공이 하나가 되는 것이다.

이렇게 하여서 사자의 영혼이 죽음의 순간에 느끼는 정광명의 빛은 우주의 법신인, 우주의 근본 원리인 비로자나(Vairocana)부처님의 나타남인 것이다.

사자의 영혼은 첫 번째 치카이 바르도, 즉 임종의 순간의 중음기에서 이러한 백색의 투명한 빛을 두 번 만나게 된다. 이 두 번의 정광명을 만났을 때 한 번이라도 이 빛이 우주의 법신, 즉 우주의 근본 성품인 법성(法性)이라고 알아 차리고 인식하게 되면 그 즉시 사자의 영혼을 해탈하여 윤회의 세계를 벗어나는 대 자유를 얻게 된다.

즉, 이 두 번의 정광명을 자기를 구원하려는 우주의 근본, 존재의 근원에서 나타나는 빛이라는 것을 알아차리고 그 빛속에 편안하게 안주하면 바로 그 즉시 해탈을 하여 대 자유를 누릴 수 있다.

이렇게 해도 사자가 첫 번째 치카이 바르도 (임종의 순간의 중음기)에서 해탈을 하지 못하게 되면 다음 두 번째 초에니 바르도(존재의 근원을 체험하는 바르도, 즉 법성(法性)의 바르도) 단계로 넘어 가게 된다.

이렇게 사후(死後)의 첫 번째 단계인 치카이 바르도에서 해탈을 하지 못하면 사자의 영혼은 3일 내지 4일 동안을 기절한 상태가 된다.

이 의식을 잃은 상태가 지나면 사자의 영혼은 중음기의 두 번째 단계인 초에니 바르도로 넘어 가게 된다.

21. 초에니 바르도-존재의 근원을 체험하는 바르도

사자(死者)의 영혼이 지나가는 두 번째의 중음기의 과정은 초에니 바르도
(법성의 바르도)이다. 법성(法性)은 법계(法界)의 성품을 말한다.
즉, 우리가 살고 있는 이 우주 삼라만상이 법계이며, 이 법계의 근본, 원천이 법성인 것이다. 다시 말하자면, 이 우주의 근본, 원천이 법성(法性)인 것이다.
우리가 살고 있는 이 우주가 생겨난 근본 원천이 법성인 것이다.
이러한 면에서 법성(法性)은 존재의 근원(根源)인 것이다.
초에니 바르도는 이러한 법성, 즉 존재의 근원을 체험하는 중음기이다.
그래서 이 두 번째 단계의 중음기를 법성의 중음기 또는 존재의 근원을 체험하는 중음기라고 하는 것이다.

사람이 죽어서 겪게 되는 중음기의 두 번째 단계인 초에니 바르도, 즉 법성의 바르도는 약 18.5일간 지속이 되며 주로 사자의 살아 생전의 카르마(업)의 환영이 나타나는 중음기의 과정이다.
이 두 번째 단계의 중음기인 법성의 바르도에서는 사자의 영혼이 자기가 살아 생전에 지은 업(業, 카르마, Karma)이 나타나는 기간이다.
즉, 사자가 지은 많은 업(業)의 환영이 나타나는 중음기이다.

이 초에니 바르도(법성의 바르도)의 특징은 사자의 영혼(사념체, 의식체)이소리와 빛과 색(형상)의 세 가지를 경험한다는 것이다.

이것은 사자의 영혼이 살아 생전의 자기 카르마(업)의 영향을 받아 사자에게 현현(나타남)하는 것이다.

이렇게 초에니 바르도에서 사자의 전생(前生)의 업(業)의 환영이 나타났을 때 사자(死者)는 이러한 환영들이 자기 자신의 마음에서 나온 것임을 알아야 한다.

즉, 이러한 환영들이 사자 자신의 업(業)으로 인하여 마음 속에서 만들어 졌으며, 이렇게 만들어진 것들이 마음 밖으로 투영된 것이라는 것을 알아야 한다.

이것을 아는 것이 가장 중요하다.

법성(法性)의 바르도의 처음 7일간은 평화의 신들, 즉 평화로운 모습을 한 부처님이 강렬한 빛의 형상으로 나타나는 것이다.

그리고 나중의 7일간은 분노의 신들, 즉 분노의 형상을 한 무시무시한 형상을 한 부처님이 강렬한 빛의 모양으로 나타나는 것이다.

이러한 법성(法性)의 바르도, 즉 초에니 바르도에서 나타나는 평화의 부처님의 형상의 빛과 분노의 부처님의 형상의 빛을 마주할 때 사자가 그러한 형상의 빛이 다름 아닌 자기 자신의 마음에서 투영된 환영(幻影)이라는 것을 알아차리는 것이 중요하다.

그래서 그러한 형상의 빛들을 두려워하지 않고 그것들이 자기 자신의 마음에서 나온 자기 자신이라고 인식하며 놀라지 말고 그 빛의 형상들에게 자신을 합일, 융화 시켜야 하는 것이다.

이렇게 그러한 평화의 신과 분노의 신의 형상을 한 빛들이 자기 자신의 마음에서 나온 것이라고 인식을 하는 순간에 사자의 영혼은 해탈하여서 영원한 대 자유를 누리게 되는 것이다.

이와 같이 이 빛의 형상들이 사자 자신의 마음에서 투영된 것임을 인식하는 순간과 동시에 그 사자의 영혼은 깨달음을 얻어 이 부처님들의 세계, 즉 보신토(報身土)에 태어나게 되는 것이다.

보신(報身)이란 법신(法身), 즉 우주의 근원, 원천이신 법신 부처님이 아주 미묘한 신령스러운 몸으로 나타나는 것을 말한다.

즉, 법신(法身)부처님의 공덕이 보신(報身)부처님의 형태로 현현하는 것을 말한다.

예를 들면, 관세음 보살, 지장 보살 그리고 문수보살 같은 부처님이라고 말 할 수 있을 것이다.

이러한 부처님을 보신(報身)부처님이라고 한다.

다시 한번 말씀 드린다면 아미타 부처님이 주관하시는 서방 극락정토와 같은 세계를 말한다고 할 수 있을 것이다.

그래서 이 두 번째 초에니 바르도(법성의 바르도)는 보신의 세계, 즉 보신(報身)부처님이 나타나는 것이다.

이 초에니 바르도에서 나타나는 평화의 신과 분노의 신들이 실제 존재하는 형상이 아니라 단지 사자 자신의 마음에서 투영된 허상(虛相), 환영(幻影)이라고 인식하는, 즉 알아차리는 것이 가장 중요하다고 할 수 있다.

이러한 허상, 환영을 보고 놀라지 말고 달아나지 말아야 한다.

이런 법성의 중음기(초에니 바르도)에서의 모든 형상들을 사자 자신의 업(業)의 현현, 즉 사자 자신의 마음에서 나온 환영임을 인식하면, 사자는 그 즉시 보신(報身)부처님의 세계에 태어나게 되는 것이다.

즉 극락세계에 태어나서 영원한 복락을 누리게 되는 것이라고 할 수 있다.

이러한 것은 유식학(唯識學)에 대한 이해를 해야만 확실히 알 수 있겠다.

즉, 유식(唯識)이란 마음에 대해 이해하는 것을 말한다.

한마디로 설명한다면, 자기 자신에게 나타나 보이는 모든 우주 삼라만상의 형상이 있는 것들이 단지 자기 자신의 마음에서 투영된 허상, 환영일 뿐이라는 것을 아는 것을 말한다.

그리고 더 나아가 그러한 허상이나 환영을 만드는 이 마음도 그 실체가 없는 그 역시 허상, 환영이라는 것을 설명하는 것이 유식학(唯識學)이라고 할 수 있겠다.

결국 이것은 모든 것의 본질은 텅 텅 빈 공(空)이라는 것을 부연 설명하는 것이라고 할 수 있다.

그래서 결국 불교의 모든 궁극적 진리는 이 공성(空性)에서 찾아야 하는 것이다.

마찬가지로 이 티벳 사자의 서(書)도 여기서 설명하고 있는 깊은 뜻을 이해하려면 "마음과 공(空)"에 대한 어느 정도의 지식은 가지고 있어야 할 것이다.

(1) 평화의 신(神)들이 출현하는 초에니 바르도(법성의 중음기)

 사자가 죽어서 겪게 되는 중음기의 각 단계 중에서 처음 단계인 치카이 바르도에서 사자의 영혼은 두 번의 정광명(淨光明)을 체험했다.
그러나 불행하게도 사자의 영혼은 이 두 번의 정광명을 자기를 구원하려고 나타나는 존재의 근원에서 나타난 것임을 알지 못하고 두려워하는 마음으로 달아났던 것이다.
그리하여서 첫 번째 임종의 중음기에서 구원을 받지 못했다.
즉, 해탈을 하여 대 자유를 성취하지 못한 것이다.

 그러나 사자의 영혼은 다시 이 두 번째 중음기의 단계인 초에니 바르도에서 다시 해탈하여 대 자유를 얻게 되는 기회를 가지게 된다.
이 두 번째 단계의 법성의 중음기에서는 사자의 영혼에게 자기가 전생에 지었던 업(業)들이 환영이 되어 나타나게 된다.
이러한 법성의 바르도에서 사자의 영혼은 살아있는 자기의 가족들이 애통해 하며 울부짖고 있음을 보게 된다.
사자의 영혼은 이들을 보고 말을 하여 보지만 가족들은 이것을 알아듣지 못한다.

왜냐하면 이미 사자는 죽었기 때문이다.

그래서 사자의 영혼은 실망을 하고 죽음의 세계로 떠나게 된다.

사자의 영혼 앞에는 자기의 업(業)으로 해서 생긴 소리와 빛과 색으로 이루어진 환영들이 나타난다.

이럴 때 사자의 영혼은 이러한 것들이 모두 다 자기 자신의 마음에서 일어난 환영임을 아는 것이 중요하다.

사자는 이미 죽었다는 것을 깨닫는 것이 중요하다.

죽음은 어느 누구나에게 다 찾아 오는 것이다. 그래서 사자도 이미 죽은 존재임을 알아야 하는 것이다.

그래서 어떤 것에도 집착을 하지 말아야 한다. 사랑하던 가족도 이미 사자에게는 아무런 소용이 없다.

살아 있을 때의 세상 살이에 대해서 어떤 집착도 가지지 마라. 만일 계속해서 세상과 가족에게 집착하고 애착을 가진다면 사자의 영혼은 계속 윤회(輪廻)의 세계에서 맴돌 뿐이다. 그러니 집착과 애착을 다 버리고 떠나가라.

이 순간 사자의 영혼 앞에 자기의 업(카르마, Karma)으로 생긴 환영들이 나타난다.

이때 사자는 어떤 환영의 빛들이 나타나더라도 무서워 하지 말고 이것들이 모두 다 자기의 마음에서 생겨난 것임을 알아야 한다.

만일 이러한 환영들이 자기의 마음에서 투영되어 나타난 것임을 알지 못하면, 아무리 사자가 살아 생전에 많은 경전 공부와 명상 수행을 했을 지라도 해탈을 하여 윤회의 세계를 벗어나지 못하는 것이다.

그래서 두 번째 단계인 초에니 바르도에서 나타나는 모든 빛과 소리와 색(형상)에 놀라고 두려워하지 않는 것이 중요하다.

이 모든 것들이 단지 자기의 업으로 인해서 사자의 마음속에서 생겨난 환영임을 알아야 한다.

이 모든 것들이 환영임을 알아서 "환영이 환영을 해칠 수 없다"라는 생각을 가져야 한다.

사자는 이미 죽었기 때문에 사념체(思念體)이고 의식체(意識體)일 뿐이다.

몸이 없으므로 어떤 빛과 소리와 형상들이 사자를 해 칠 수가 없다.

그러니 안심하고 이러한 환영으로 해서 생긴 모든 것들에 두려움을 느끼지 않아야 한다.

***첫째 날-비로자나(대일여래) 아버지 붓다와 금강허공 어머니 붓다의 출현

치카이 바르도의 중음기에서 해탈을 얻어 대 자유를 성취하는데 실패한 사자의 영혼은 3일 반 동안의 실신 상태에 있다가 깨어났다.

지금 사자의 영혼은 자기에게 무슨 일이 일어나고 있는지 잘 모른다.

그래서 지금 자기는 두 번째 중음기의 사후의 세계에 있다

는 것을 알아야한다.

이 순간에 사자의 앞에 눈부신 푸른 색의 하늘이 펼쳐지고 있다.

푸른 색깔의 비로자나 부처님이 중앙의 밀엄불국토에서 나타나신다. 그리고 그는 금강허공 어머니 붓다를 안고 있다. 아버지 붓다와 어머니 붓다가 교합(交合)하여 있는 형상이 나타난다.

그 순간 비로자나(대일여래, 大日如來)의 가슴으로부터 눈부신 푸른 빛이 비쳐 나온다. 그 푸른 빛은 너무나 강렬해서 그대는 똑 바로 그 빛을 쳐다 볼 수 없을 것이다.

이 빛은 대일여래의 지혜의 표현인 것이다.

이 푸른 빛과 함께 또 다른 빛이 사자의 영혼에게 비쳐온다.

천상계에서 어두운 흰색 빛이 비쳐오는 것이다.

이와 같이 사자의 영혼은 이 순간 비로자나 부처님의 가슴에서 나오는 강렬한 푸른 빛과 천상계의 존재들에게서 나오는 어두운 흰색의 빛을 마주 할 것이다.

그러나 사자의 영혼은 살아 생전에 지은 나쁜 업(카르마) 때문에 대일여래의 가슴에서

나오는 눈부신 푸른 빛에 두려움을 느끼고 도망치게 된다. 오히려 천상계에서 비쳐오는 어두운 하얀 색에 이끌리게 된다.

이 때 사자의 영혼은 비로자나 붓다에게서 나오는 찬란한 푸른 색을 자기를 해탈로 이끌어 주기 위한 것이라는 것을

알아야 한다.

그래서 이 찬란한 푸른 색 빛을 신뢰하고 이 빛 속에 안주하여야 한다.

이렇게 함으로써 사자의 영혼은 해탈을 하여 대 자유를 얻게 된다.

천상계에서 비쳐오는 어두운 하얀 색 빛을 따라가지 않아야 한다.

전생의 업에 의한 애착으로 이 어두운 하얀 색 빛을 신뢰하고 그 속에 안주하게 되면 사자의 영혼은 다시 윤회하는 세계에 태어나게 된다.

그리하여서 수없이 많은 세월 동안 윤회의 고통을 겪게 된다.

사자의 영혼이 이 순간의 바르도에서 비로자나 붓다의 눈부신 푸른 색 빛을 신뢰하고 천상계에서 나오는 흐릿한 하얀 색에 끌려 가지 않도록 하기 위해서 다음과 같은 기원문을 읽어 주어야 한다.

"아 지난 생의 악업(惡業)이 너무 커서 윤회계를 방황할 때 비로자나 아버지 붓다와 금강허공 어머니 붓다께서는 이 가련한 사자의 영혼을 앞에서 이끄시고 뒤에서 밀어 주시어 중앙 밀엄불국토에 태어나게 하소서"

이와 같은 기원문을 듣고 마음에 신뢰를 믿고 기도하면 해탈을 하여 중앙 밀엄불국토에 태어나게 되어서 보신(報身) 부처님의 경지를 얻게 된다.

***둘째 날-바즈라사트바(금강살타) 부처님의 현현

초에니 바르도의 첫날에 비로자나 붓다로부터 나오는 푸른 빛을 신뢰하지 않아서 해탈을 하지 못하면 두 째날에 해탈을 할 수 있는 기회를 가지게 된다.
이 두 번째 날에는 바즈라사트바(금강살타) 붓다와 그가 거느린 신들이 사자를 맞이하러 올 것이다.
그 신들은 어머니 신 마마키(불안불모)와 지장보살 그리고 미륵보살등 여섯 명의 신들이다.

바즈라사트바 아버지 붓다의 가슴으로 부터 밝고 눈부신 흰색의 광선이 사자에게 다가 온다. 이 빛은 너무나 밝고 강렬하여서 사자가 쳐다 보지도 못할 정도이다.
이 빛과 동시에 지옥에서 어두운 회색 빛이 비쳐져 온다.
사자는 이 순간 생전의 악업(惡業)으로 인해서 눈이 부시게 찬란한 바즈라사트바의 가슴에서 나오는 빛을 두려워하고 무서워하여 도망치게 된다.
오히려 지옥계에서 나오는 어두운 회색 빛에 애착을 가지게 된다.
만약 사자가 바즈라사트바의 찬란한 백색의 빛을 신뢰하고 그 속에 안주하게 되면 해탈을 하여 대 자유를 얻게 된다.
그렇지만 사자가 생전에 지은 업(業)으로 인해서 지옥계에서 나오는 어두운 회색 에 애착을 가지고 그 빛에 신뢰를 가지고 안주하게 되면 사자의 영혼은 지옥계에 떨어져 무수한 세월을 고통속에서 지내게 된다.

그래서 다음과 같은 기원문을 사자에게 읽어 주어야 한다.
"악업과 분노의 마음이 너무 깊어 고통 스러운 윤회계를 방황할 때 바즈라사트바 아버지 붓다와 마마키 어머니 붓다께서 잘 인도하여 주시어 중음기의 이 무서운 여정을 잘 가게 해 주시어 마침내 붓다의 정토에 태어 나게 해 주소서."

살아 있는 사람들은 이러한 기원문을 사자에게 낭송해 주어서 사자가 이 기원문과 같이 기도를 하게 되면 사자의 영혼은 해탈을 하여 대 자유를 누리게 된다.
또한 사자의 영혼이 바즈라사트바 아버지 붓다의 가슴 속에서 나오는 찬란한 백색의 빛을 사자를 구원하려고 비쳐지는 것이라고 생각하여서 그 빛속에 안주를 하게 되면
사자의 영혼은 즉시 해탈을 하여 대 자유를 누리게 되는 것이다.

***세번째 날-라트나삼바바(보생불) 아버지 붓다의 출현.

초에니 바르도(법성의 중음기)의 단계에서 해탈을 하지 못한 사자의 영혼은 계속해서 출현하는 평화의 붓다들에 의해서 해탈을 하여 윤회를 벗어나게 된다.
평화의 신들이 출현하는 셋째 날에는 라트나삼바바 아버지

붓다가 출현한다.
보생불과 불안불모의 가슴에서 강렬한 노란 색 광명이 나타난다.
보현보살과 허공장보살등 여섯 명의 신들이 광명과 함께 나타난다.
이와 함께 인간계에서 나오는 흐릿한 청색 광명이 나타나게 된다.

 사자의 영혼이 전생에 지은 업과 아만의 힘에 의하여 사자의 영혼은 보생불로부터 나오는 찬란한 노란 색 광명을 보고 겁을 먹고 두려워 하여 도망치게 된다.
오히려 아만으로 지은 업(業)으로 인하여 인간계에서 비쳐 나오는 흐릿한 청색 광명을 더 신뢰하고 따라가게 된다.
그러나 이 인간계의 청색 광명을 따라가면 사자는 또 다시 육도윤회의 사슬에 묶여서 수많은 세월을 고통속에서 보내야 한다.
그래서 사자의 영혼은 보생불의 가슴 속에서 쏟아져 나오는 노란 빛을 자기를 구원하려는 빛임을 인식하고 그 빛을 신뢰하고 그 빛속에 안주를 하여야 한다.
그 즉시 사자의 영혼은 해탈을 하여 대 자유를 얻게 된다.
만일 사자 자신의 힘으로 이렇게 하지 못할 때에는 살아있는 사람들이 기원문을 읽어 주어야 한다.

“오만한 업의 결과로 윤회계를 방황할 때 아버지 붓다인 보생불의 도움으로 노란 색의 광명을 신뢰하고 안주하여서 붓다의 정토에 태어나게 해 주소서”

이러한 기원문을 사자의 영혼이 받아들일 때 사자는 해탈
을 하게 된다.
물론 사자 스스로가 보생불의 가슴에서 나오는 찬란한 노
란색 빛을 신뢰하고 그 속에 안주하게 되면 그 즉시 해탈
을 하여 영원히 윤회의 고통을 끊게 된다.

***네번째 날-아미타 붓다와 여러 신들이 출현한다.

이와 같은 거듭된 기회에도 불구하고 아직까지 해탈을 못
한 사자의 영혼은 많은 악업을 지었거나 계율을 지키지 않
았던 것이다.
그러나 지금부터라도 집착과 욕심으로 인해 생긴 무지를
버린다면 앞으로 해탈할 기회는 많이 있다.
초에니 바르도의 네 번 째 날에는 아미타불과 그가 데리고
오는 신들이 출현한다.
동시에 사자의 욕심과 탐욕으로부터 나오는 아귀계로 부터
의 빛이 그대에게 비추어질 것이다.

서방 정토의 극락세계로부터 붉은 색의 아미타불과 그의
배우자인 백의불모(白衣佛母)가 교합한 모습으로 나타난다.
그리고 그 권속들인 관자재보살과 문수보살, 두명의 남성
보살과 두명의 여성 보살이 에워싼 모양의 여섯 붓다들이
나타난다.
이들은 휘황찬란한 붉은 빛을 내뿜고 있다. 그 빛은 너무

나 밝고 빛나서 감히 쳐다 볼 수가 없을 정도이다.

아미타불의 가슴으로부터 쏟아져 나오는 이 붉은 빛과 함께 아귀계로부터 나오는 흐릿한 붉은 빛이 사자의 영혼에게 비쳐져 온다.

이때 사자의 영혼은 자기의 나쁜 카르마로 인해서 무서움과 두려움으로 인해서 아미타불의 가슴 속에서 나오는 찬란한 붉은 빛으로부터 도망치려고 한다.

동시에 사자의 영혼은 아귀계로부터 비쳐 나오는 흐릿한 붉은 빛에 신뢰와 애정을 느끼고 이 빛에 안주하려고 한다.

그러나 사자는 아미타불을 비롯한 여섯 붓다의 가슴 속으로부터 나오는 휘황 찬란한 붉은 빛을 자기를 구원하려고 하는 나타나는 빛임을 깨닫고 이 붉은 빛을 신뢰하고 그 속에 안주해야 한다.

동시에 사자의 나쁜 카르마로 인해 생긴 아귀계의 흐릿한 붉은 빛으로부터 도망쳐야 한다. 아예 이 흐릿한 붉은 빛을 쳐다 보지 말아야 한다.

이와 같이 아미타불의 가슴 속에서 나오는 밝고 눈부신 붉은 빛을 자기의 자성(自性)에서부터 출현하는 것임을 깨닫고 그 빛을 신뢰하고 인식해야 한다.

이와 같이 함으로써 사자의 영혼은 붓다의 경지를 깨닫고 해탈을 하여 윤회의 고통을 영원히 벗어나게 된다.

그리고 이렇게 기도 해야 한다.

"아, 집착과 탐욕으로부터 생긴 악업(惡業)으로 인해서 윤회의 길을 방황할 때 아미타 부처님과 백의(白衣)의 어머니 붓다께서 잘 인도하여 주시어서 중음기의 위험한 길을 안전하게 건너서 영원한 붓다의 경지에 이르게 하여 주소서"

이렇게 완전히 아미타불의 권속의 힘과 자비를 믿도 기도하고 따르면 사자의 영혼은 곧 바로 해탈을 하여 대 자유의 경지에 들것이다.

***다섯 째 날-아모가싯티(불공성취불)의 권속들이 나타난다.

이렇게 많은 해탈의 기회를 놓치는 이유는 사자의 영혼이 전생에 지은 나쁜 카르마와 질투 때문에 붓다들의 자비와 구원의 빛을 따라가지 못하기 때문이다.
그래서 계속해서 붓다들의 구원의 밧줄이 사자의 영혼 앞에 나타난다.
초에니 바르도의 다섯 째날에는 아모가시티(불공성취불)의 무리들이 나타나다.
동시에 번뇌와 질투로 인해서 생긴 아수라의 흐릿한 빛도 함께 나타난다.

찬란한 녹색 광명이 아모가시티 붓다의 가슴으로부터 눈부시게 비쳐져 온다.
그 빛은 너무나 밝고 찬란하여 눈이 부셔서 보기가 어려울 정도이다.

이 녹색의 찬란한 빛은 사자를 구원하여 해탈의 길을 가게 하는 붓다의 자비의 발현인 것이다.

동시에 사자의 질투심에서 생긴 아수라 세계의 어두운 초록 색 빛이 비쳐온다.

이때 사자는 자기의 나쁜 카르마와 질투심에 의해서 아모가시티 붓다의 권속들로부터 비쳐 나오는 찬란한 녹색의 빛을 두려워하고 무서워하여 달아나게 된다.

오히려 아귀계로부터 나오는 어두운 초록 색 빛을 신뢰하고 애정을 가져서 그 속에 안주하려고 한다.

그러나 사자는 아모가시티(불공성취불)의 가슴 속으로부터 나오는 밝고 눈부신 녹색 빛이 자기를 구원해 주는 빛임을 깨닫고 이 빛을 신뢰하여 그 속에 편안히 안주해야 한다.

그와 동시에 아수라 세계로부터 나오는 어두운 초록 색으로부터 도망쳐야 한다.

아예 그 어두운 빛을 쳐다 보지 말아야 한다.

이렇게 함으로써 사자의 영혼은 즉시 해탈을 하여 윤회를 끝내는 대 자유를 얻게 된다.

***여섯 째날-다섯 방향의 오선정불(五禪定佛)의 합체존과 권속들이 나타난다.

이와 같은 많은 해탈을 할 기회를 다 놓치고 사자의 영혼은 계속 아래로 내려와 지금의 초에니 바르도의 여섯 째날에 이르게 되었다.

이것은 사자의 나쁜 카르마로 인해서 평화의 붓다들에게서 나오는 밝고 찬란한 구원의 빛을 신뢰하지 않고 도망쳤기 때문이다.

그래서 이 여섯 째 날에는 지금까지 출현했던 모든 붓다들과 그의 권속들 그리고 육도의 나쁜 세계로 부터도 광명이 비쳐오게 된다.

여기에서도 마찬가지로 다섯 방향의 붓다들로부터 비쳐져 오는 밝고 찬란한 구원의 빛을 신뢰하여 그 빛속에 안주하여야 한다.

동시에 윤회하는 여섯 세계로부터 나오는 빛을 따라가지 말아야 한다.

이렇게 함으로써 사자는 이 여섯 째 날에도 해탈을 하여 영원한 대 자유를 성취하게 될 것이다.

비로자나 부처님의 심장으로부터 투명하고 밝은 찬란한 파란 색의 빛이 눈부시게 비쳐온다.

바즈라사트바(금강살타) 부처님의 심장으로부터 하얗고 투명한 백색의 빛이 사자에게 비쳐온다.

라트나삼바바(보생불) 부처님의 가슴으로부터 눈이 부셔서 쳐다 볼 수 없는 투명하고 맑은 노란 색 광명이 사자에게 비쳐온다.

아미타 부처님의 가슴으로부터 투명하고 밝고 눈부신 붉은 색 광명이 비쳐온다.

그러나 아직 아모가시티(불공성취불) 부처님의 가슴으로부터 나오는 지혜의 광명인 초록 빛은 아직 비쳐오지 않는다. 아직 사자의 영혼의 지혜가 활짝 깨어나지 않았기 때문이다.

이러한 다섯 방향에서 나오는 오선정불(五禪定佛)의 눈부신 빛과 함께 사자의 나쁜 카르마로 인해 생긴 육도(六道)의 윤회계의 환영들의 광명이 동시에 나타난다.
인간 세계로부터 오는 흐릿한 파란 빛과 천상 세계로부터 나오는 어두운 하얀 빛과 수라계로부터 비쳐 나오는 흐릿한 붉은 빛과 축생의 세계로부터 오는 흐릿한 초록 빛과 아귀 세계로부터 비쳐 나오는 어두운 노란 빛 그리고 지옥 세계로부터 오는 흐릿한 회색의 여섯 가지 광선이 사자의 영혼에게 비쳐 오게 된다.

이와 같은 사자의 영혼을 구제해 주려고 비쳐오는 다섯 부처님의 투명하고 밝은 광명을 신뢰하고 애정을 가지고 그 빛 속에 안주하여야 한다.
절대로 사자의 영혼을 육도윤회의 세계로 데려 가는 부정(不淨)한 여섯 윤회의 세계에서 비쳐오는 빛을 따라가서는 안된다.
다섯 부처님의 가슴에서 비쳐오는 맑고 투명한 광선에 대해서 애정을 가지고 신뢰하고 그 속에 편안히 안주해야 한다.
이 빛들이 자기의 영혼에서 나오는 사자를 구원해 주려고 나타나는 빛임을 이해하고 이 빛들 속에서 편안히 안주해야한다.
절대로 윤회의 여섯 세계에서 비쳐오는 어두운 빛들을 따라가서는 안된다.

이 어두운 빛들을 신뢰하고 애정을 가지고 그 빛속에 안주하면 사자의 영혼은 또 다시 기약할 수 없는 윤회의 길에 들어서서 끊없는 고통을 받아야 할 것이다.
이와 같이 하지 못할 경우는 다음과 같은 기원문을 사자의 영혼에게 읽어 주어야 한다.

"아아, 내가 전생에 지은 나쁜 카르마 때문에 윤회의 세계를 방황할 때
다섯 방향의 부처님께서 이끄시고 구원하셔서,
이 부정한 육도의 세계에서 벗어나 다섯 부처님의 정토에 태어나 해탈을 하여 영원한 대자유를 누리는 붓다의 경지가 얻게 하소서"

이와 같은 기원문을 외우며 오선정불(五禪定佛)에게서 나오는 맑고 투명한 빛들이 사자의 영혼을 구제하려는 자비의 광선임을 깨닫는다면, 그 즉시 사자의 영혼은 이러한 눈부시고 찬란한 빛속으로 녹아들어 해탈을 함과 동시에 영원한 붓다의 경지를 얻게 될 것이다.

***일곱 째 날-청정한 극락세계의 지혜의 신(지명존, 持明尊)과 동물 세계의 광선이 나타난다.

이와 같이 많은 기회가 주어졌음에도 아직도 해탈하지 못한 사자의 영혼을 구제하기 위하여 청정한 극락세계의 중앙과 동쪽, 서쪽, 남쪽 그리고 북쪽의 세계의 지혜의 신들

이 나타난다. 이들 지혜의 신들은 눈부시고 찬란한 오색의 광명을 내 뿜으며 사자의 영혼에게 비쳐져 온다.

동시에 사자의 나쁜 카르마로 인해서 나타난 동물 세계로 부터의 어두운 녹색 광명이 비쳐온다.

이들 지혜의 신들과 함께 많은 다끼니들과 권속들이 나타난다.

이들은 무시무시한 모습을 하고 있으며, 시끄러운 온갖 악기들과 춤을 추면서 무시무시한 천둥 소리를 내며 나타난다.

이러한 지혜의 신들의 가슴에서 비쳐 나오는 찬란하고 눈부신 광명과 천둥과 같은 소리를 듣고 놀라지 말아야 한다.

사자의 영혼은 자기의 나쁜 카르마로 인해서 이러한 모습과 소리에 놀라서 두려워하고 공포에 떨면서 달아나려고 한다.

그러나 이러한 광명과 소리들이 모두 다 자기의 본성에서 나오는 현상임을 깨닫고 이러한 것들에 애정을 가지고 신뢰하며 그 속에 편안히 안주해야 한다.

절대로 부정한 동물의 세계에서 나오는 어두운 초록색 빛을 따라가서는 안된다.

쳐다 보지도 말아야 한다.

사자의 영혼은 이러한 중음기의 현상들이 일어날 때 자신을 구제해 주는 기원문을 따라 외워야 한다.

"아아, 지혜의 신들이시여!

이 가여운 영혼을 돌보아 주소서
전생에 지은 나쁜 카르마로 인해서
육도의 세계를 윤회 할 때
지혜의 신들과 다끼니와 권속들은
대 자비심으로 중음기의 험난한 여정으로부터
이 몸을 구원해 주소서"

이와 같이 간절하게 기원함으로 해서 사자의 영혼은 지혜의 신들의 가슴속으로 녹아들어 해탈을 하여 깨끗하고 맑은 영원히 행복한 부처님의 세계에 태어나게 된다.
평화의 신들이 출현하는 초에니 바르도의 일곱 번째의 날에 모든 사자의 환영들은 해탈을 하여 윤회의 고통에서 벗어나 대 자유를 얻게 된다.

(2) 분노의 신들이 출현하는 초에니 바르도

 지금까지 많은 중음기의 단계들을 지나왔다.
그러나 사자의 영혼은 아직까지도 해탈을 하지 못하여 대 자유의 몸이 되지 못하였다.
그 이유는 여러 가지가 있다.
사자가 전생에 지은 나쁜 카르마 때문에 진리를 보지 못했다. 카르마에 의한 무지(無知) 때문에 자기를 구원해 주려고 나타난 많은 여러 가지 현상들을 인식하지 못했다.
그 결과로 사자의 영혼은 아직까지 해탈을 얻지 못하고 윤회가 끊어진 대 자유의 세계로 나아가지 못한 것이다.

이제부터는 초에니 바르도의 평화의 신들 대신에 분노의 신들이 나타날 것이다.
화염에 쌓여서 인간의 피를 마시는 무시무시한 분노의 신 (헤루카)들의 형상이 나타나서 사자의 영혼을 무서움과 두려움에 떨게할 것이다.
그러나 이러한 무시무시한 분노의 신들은 앞서 보았던 자비로운 평화의 신들의 모습이 바뀐 것일 뿐이다.
즉, 평화의 신들의 자비로운 모습이 이제는 무시무시한 분노의 신의 모습을 하고 있는 것이다. 이러한 헤루카 신들 58명의 무시무시한 형상들이 초에니 바르도의 8일 째부터 14일 째까지 나타나게 된다.
그러나 오히려 이러한 무시무시한 사람의 피를 마시는 형상의 분노의 신들이 나타날 때 해탈을 하는 것이 쉽다.
그 이유는 이러한 무시무시한 공포와 두려움의 순간에 사자의 영혼은 더욱 더 자기의 마음을 더 집중하기 때문이다.

 그러나 사람의 피를 마시고 화염에 쌓인 공포와 두려움을 불러 일으키는 분노의 신들을 마주칠 때 살아 생전에 계율을 잘 지키고 학문을 많이 쌓은 대 학자들은 이 단계에서 진리를 알지 못하고 해탈을 얻지 못한다.
오히려 밀교 탄트라 명상 수행을 조금이라도 한 사자의 영혼은 이 순간에 이르러 쉽게 진리를 깨달아 해탈해서 대 자유를 누리게 된다.

왜냐하면, 이렇게 살아생전에 밀교 탄트라 수행을 조금이라도 한 사자의 영혼은 이러한 피를 마시고 화염에 쌓인 무시무시한 분노한 신들의 모습을 생전에 봐왔기 때문에 중음기의 순간에서도 이러한 무시무시한 형상들을 자기의 수호신으로 금방 알아보기 때문이다.

이와 같이 생전에 밀교 탄트라 명상 수행을 하는 것이 중요하다.

 살아 생전에 고도의 밀교 탄트라 수행을 하여 고요한 텅 빈 마음의 경지를 수련한 수행자는 중음기의 첫 번째 단계인 치카이 바르도(임종의 중음기)에서 맑고 투명한 백색의 정광명(淨光明)을 보는 순간 즉시 해탈을 하여 윤회를 끊은 대 자유의 경지를 얻게 된다. 이러한 사자는 법신(法身, Dharmakaya)의 경지를 성취하게 된다.

이렇게 법신의 경지를 성취하지 못한 사자들은 두 번째 중음기의 단계인 초에니 바르도에서 평화의 신과 분노의 신들을 신뢰하고 인식하게 되어 보신(報身, Samboghakaya)의 경지를 얻어서 해탈하게 된다.

그리고 이제까지 해탈을 하지 못한 사자의 영혼은 중음기의 마지막 단계인 시드파 바르도(환생의 중음기)에서 해탈을 하여 화신(化身, Nirmanakaya)의 경지를 성취하게 된다.

이와 같이 이 "티벳 사자의 서(書)"는 사자가 살아 생전에 불교 공부와 수행을 게을리 하였더라도 바로 사자를 해탈을 하게하여 대 자유를 성취하게 해 주는 가르침이다.

그러므로 "듣는 것만으로도 영원한 자유를 얻게 하는 가르침"인 "티벳 사자의 서(書)"를 만난 사람들은 반드시 중음기의 과정에서 해탈을 하여 영원한 대 자유를 성취하게 되는 것이다.

이제 부터는 해탈을 하게하여 대 자유로 이끌어 주는 피를 마시는 무시무시한 분노의 신들이 나타나는 중음기의 여정이 시작된다.

***여덟째 날-피를 마시는 분노의 헤루카 붓다가 출현하다.

죽음의 순간부터 사자의 영혼은 많은 중음기의 여정을 거쳐 왔지만 아직까지 해탈을 하지 못하고 여기까지 왔다.

초에니 바르도의 두 번째 단계인 여덟 째 날에는 피를 마시는 선혈이 낭자한 화염에 휩싸인 무시무시하고 공포스러운 분노의 형상을 하고 있는 헤루카 붓다가 나타난다.

그는 무시무시한 공포의 얼굴 형상을 하고 공포를 자아내는 소리를 지르면서 나타난다.

또한 헤루카 붓다의 목을 오른 팔로 꼭 껴안고 왼손에는 사람의 피가 가득한 잔을 헤루카 붓다의 입에 대고 있는 헤루카 불모(佛母)의 무시무시한 형상이 나타난다.

이런 형상들은 사자의 두뇌 속에서 나타나서 사자의 영혼에게 비쳐지는 환영이다.

이 환영들에게 두려움과 공포를 느끼고 달아나지 말아라.

이런 무시무시한 환영들이 단지 자기 자신의 뇌속에서 생겨난 환영임을 명심하라.

이들은 사자를 중음기에서 구원하기 위해서 나타난 자비의 부처님인 것이다.
이 환영들이 자기의 본성(本性)에서 나타난 자기 자신의 본연의 모습임을 깨달아야 한다.

 자기 자신의 투영임을 명심하라. 이런 환영들은 사실 비로자나 부처님이 사자를 구원하기 위해서 사람의 피를 마시는 무섭고 공포스러운 환영의 모습으로 나타난 것이다.
이렇듯 여덟 번째 날에 출현한 피를 마시고 화염속에 휩싸여 있는 헤루카 붓다와 그 배우자 붓다가 사실은 사자를 해탈 시키려고 나타난 것이라고 생각을 하여야 한다.
이와 같은 헤루카 붓다의 교합상(交合相)은 사자의 뇌에서 투영되어 나온 환영임을 알고 무섭고 두려워서 도망을 가지 말아야 한다.
오히려 이 환영들이 자기의 본성임을 알아서 이 환영들의 형상의 빛을 신뢰하고 애정을 가져서 그 빛들 속에 안주해야 한다.
이렇게 함으로써 사자의 영혼은 즉시 해탈을 하여 영원한 대 자유를 얻게 된다.

***아홉째 날-분노와 화염에 휩싸인 바즈라 헤루카의 교합상이 나타난다.

 여덟 째날과 마찬가지로 아직 까지 해탈을 하지 못한 사자의 영혼을 구원하기 위하여 사람의 피를 마시고 화염에 휩싸인 무시무시하고 공포스러운 형상의 바즈라 헤루카가 출현한다. 바즈라 헤루카 불모(佛母)가 손으로 사람의 피를 담은 잔을 바즈라 헤루카의 입에 갖다 대고 있다.

이런 분노의 바즈라 헤루카 교합상이 바로 사자의 뇌에서 나온 자신의 본성의 투영임을 깨닫고 이 무시무시하고 공포스러운 환영들에게서 도망치지 말아야 한다.

오히려 이 공포스러운 환영들이 자기 자신의 본성임을 깨닫고 이들에 대해서 애정과 신뢰를 가지고 그들 속에 편안히 안주해야 한다.

이렇게 함으로써 사자의 영혼은 해탈을 하게 되어 영원한 행복의 붓다의 정토(淨土)에 태어나게 된다.

***열째 날-라트나 헤루카 교합상(交合相)이 출현하다.

중음기의 이전 단계에서 해탈을 하지 못한 사자의 영혼은 초에니 바르도의 열째 날을 맞이하여 무시무시한 형상의 라트나 헤루카의 모습을 보게 된다.

이전 단계의 분노존의 출현과 같이 라트나 헤루카의 모습도 사람의 피를 마시고 화염에 휩싸인 공포스러운 모습을 하고 있다.

그의 얼굴과 팔 그리고 발은 여러개이며 무시무시한 얼굴과 팔은 공포스러운 동작을 하고 있다.

또한 라트나 헤루카 불모(佛母)는 사람의 피가 가득한 잔을 라트나 헤루카의 입에 대고 있다. 이러한 형상이 사자 자신의 뇌에서 나와 사자 앞에 투영이 된다.

이러한 공포스러운 형상을 본 사자의 영혼은 그 모습이 너무 무서워서 도망치려고 한다. 그러나 이런 무시무시한 모습의 분노의 신의 교합상이 단지 자신의 마음에서 투영되어 나온 환영이라는 것을 알아야 한다.

즉, 이러한 모습들이 자기 자신의 본성에서 나온, 자기 자신의 자성(自性)임을 깨달아야 한다.

이 모든 것들이 자기 자신의 마음의 투영이라는 것을 알아야 하고, 그리고 이런 환영을 만들어 내는 자기 자신의 마음도 역시 본래 아무것도 없는 텅 빈 것임을 알아야 한다.

즉, 사자의 마음에서 투영되어 나온 라트나 헤루카의 무섭고 공포스러운 형상이 다 환영일 뿐이고, 또한 그러한 환영들을 만들어 낸 사자의 마음 또한 허상이고 환영인 것을 알아야 한다.

이렇게 환영과 그 환영을 만들어 낸 마음 역시 환영인 것을 알면 사자의 영혼은 즉시 해탈을 하여 대 자유의 붓다의 세계로 가게 된다.

***열 하루째 날-파드마 헤루카의 공포스러운 형상이 출현한다.

이런 연속으로 나타나는 초에니 바르도의 단계들에서 아직까지 해탈을 하지 못한 사자의 영혼은 열 하루째 날이 되어서는 파드마 헤루카 교합상을 만나게 된다.

이전 단계와 마찬 가지로 배우자인 파드마 헤루카 불모(佛

母)가 사람의 피가 가득한 해골로 만든 잔을 파드마 헤루카에게 바치고 있다.

이러한 무시무시하고 공포스러운 파드마 분노의 신의 형상을 앞에서 마주한 사자의 영혼은 두려워서 도망치게 된다.

　그러나 사자의 영혼은 이러한 공포스러운 형상을 오히려 신뢰하고 애정을 가지고 보아야 한다.

왜냐하면, 이전의 단계에서와 마찬가지로 이러한 무시무시한 파드마 헤루카의 형상 역시 자기 자신의 마음에서 만들어져서 외부로 투영된 환영임에 불과한 것임을 알아야 한다. 즉, 이러한 형상들이 실체가 없는 허상이고 환영임을 알아야 하는 것이다.

그리고 또한 이러한 공포스러운 형상들을 만들어 낸 사자의 마음 역시 허상이고 환영임을 알아야 한다.

이렇게 파드마 헤루카 교합상이 단지 환영이고 또한 사자 자신의 마음 역시 환영임을 깨달아야 한다.

이와 같이 환영이 환영을 만들어 낸다. 즉, 모든 것이 실체가 없는 환영일 뿐이다.

이러한 궁극의 진리를 알아야 한다.

이와 같은 진리를 아는 동시에 사자의 영혼은 해탈을 하여 윤회가 끊어진 대 자유의 붓다의 경지가 되는 것이다.

***열두째 날-카르마 헤루카와 카르마 헤루카 불모(佛母)
의 교합상이 나타난다.

 사자가 죽은 후 거치게 되는 중음기 49일 동안의 여정(旅
程)에서 두 번째 단계인 초에니 바르도의 열한번 째 날을
거쳐왔다.
지금의 열두째 날에 사자의 영혼은 카르마 헤루카의 공포
스러운 형상을 보게 된다.
카르마(Karma)는 업(業)이라는 의미이다.
그러므로 카르마 헤루카는 사자 자신의 업(業)으로 인해서
생겨난 형상인 것을 알 수 있다.
이전 단계와 마찬가지로 배우자인 카르마 헤루카 불모(佛
母)가 선혈(鮮血)이 가득한 잔을 카르마 헤루카의 입에 대
고 나타난다.
이와 동시에 여러 명의 무시무시한 형상을 한 여신들이 출
현한다.

이러한 모든 공포스러운 형상들은 사자 자신의 업(業)으로
인해서 생겨난 환영임을 알아야 한다. 이들 형상들이 자기
의 수호신, 즉 자기를 지켜 주려는 신들임을 알아야 하는
것이다.
그러므로 이들 형상에 대해서 두려움을 가지지 말아야 한
다.
오히려 이런 신들의 형상들이 사자 자신의 해탈을 도와주
는 존재들임을 아는 것이 가장 중요하다.
이전 단계에서와 마찬가지로 이들 카르마 헤루카 신들의

형상은 자기 자신의 마음 속에서 만들어진 환영인 것을 알아야 한다.
그래서 이들 환영을 두려워 하지 말아야 한다. 오히려 신뢰와 애정을 가져야 할 것이다.

 이런 무시무시한 형상들이 자기 자신의 본성임을 알아야 한다.
자기 자신의 자성(自性)임을 알아야 한다.
이렇게 이 중음기의 순간에 출현한 카르마 헤루카 무리들이 자기 자신의 마음에서 만들어져 바깥으로 투영된 환영임을 아는 것이 중요하다.
그리고 이런 환영들을 만들어낸 사자의 마음도 또한 그 실체가 없는 허상이고 환영인 것을 알아야 한다.
즉, 마음도 없고 대상인 환영도 없다는 것을 깨달아야 한다.
이것이 불교의 궁극적 진리인 공성(空性)인 것이다.
이 궁극의 진리를 깨달으면 사자의 영혼은 즉시 해탈(解脫)을 하여 영원한 행복의 세계인 붓다의 정토에 태어나게 된다.

***열셋째 날-여덟 명의 분노의 신과 공동묘지를 관장하는 여신들이 출현한다.

 이전 단계의 중음기에서 쉽게 해탈을 할 수 있는 좋은 기회를 놓친 사자의 영혼은 지금의 중음기의 여정에서 또 다시 깨달을 수 있는 기회를 가지게 된다.

초에니 바르도의 열 셋째 날에는 사자의 영혼 앞에 여덟명의 무시무시한 분노의 신과 함께 여러명의 공동묘지를 관장하는 공포스럽게 생긴 여신들이 출현한다.

이들 모든 분노의 신들과 여신들은 사자 자신의 두뇌에서 생겨 나왔다.

이 사실을 잘 알아야 한다.

사실 이 공포스러운 분노의 신과 여신들은 모두 다 사자의 마음 속에서 생겨나서 밖으로 투영된 환영들이다.

이 사실을 명확히 깨달아야 한다. 그래서 이들 분노의 신들은 사실 사자의 본성이요 자성(自性)인 것이다. 즉, 이 분노의 신들과 여신들이 바로 사자 자신인 것이다.

이와 함께 이들 무시무시하고 공포스러운 여신들을 만들어 낸 사자의 마음조차도 환영임을 알아야 한다.

즉, 마음도 실체가 없는 텅 빈 것이라는 것이다.

그래서 사자의 눈앞에 출현한 분노의 신들과 여신들이 모두 다 실제로 존재하지 않는 환영임을 확실히 알아야 한다.

사자가 이러한 사실을 명확히 인식하고 이 분노의 신들과 여신들에게 신뢰를 가지고 애정을 가질 때 사자의 영혼은 즉시 해탈을 하고 대 자유를 얻게 된다.

이 사실을 확실히 믿어야 한다.

***열네째 날-26명의 분노의 신들과 4명의 여성 문지기 신과 28명의 요기녀들이 출현한다.

 이전 단계에서 깨닫지 못한 사자의 영혼 앞에 사람의 피를 마시고 무시무시하고 공포스러운 형상을 한 분노의 신들과 여성 문지기 그리고 여성 요기니들이 출현한다.
사자의 전생의 업(業) 때문에 사자의 영혼은 이런 무서운 광경에 두려움을 느끼고 도망치려고 한다.
그러나 이런 공포스러운 형상들이 사실은 사자 자신의 마음 속에서 생성되어서 밖으로 투영된 것임을 알아야 한다.
즉, 사자의 마음이 이런 분노의 신들의 환영을 만들어 냈다는 말이다.
그리고 사자의 앞에 보이는 이런 무시무시한 분노의 신의 형상들은 사실 아무런 실체가 없는 환영임을 확실히 깨달아야 한다.
그리고 이런 환영들을 만들어 낸 사자의 마음도 또한 텅 빈 실체가 없는 환영임을 알아야 한다.
이렇게 사자의 앞에 나타나는 분노의 신들의 형상도 환영일 뿐이고 그 환영을 만들어 낸 사자의 마음 또한 환영임을 아는 즉시에 사자의 영혼은 해탈을 하여 윤회가 끊어진 붓다의 대 자유의 세계로 가게 된다.
즉, 붓다의 경지가 되는 것이다.

 이와 같이 만약 사자의 영혼이 이러한 진리를 깨닫지 못하면 사자가 살아 생전에 아무리 많은 경전 공부를 했어도, 그리고 엄격한 계율을 잘 지켰어도 해탈을 하지 못한다.

윤회를 끊어 대 자유를 성취하는 해탈을 얻는 것은 사자의 영혼이 앞에서 말한 대상도 환영이고 그 대상을 만든 마음 자체도 역시 환영임을 알아야 하는 것이다.

즉, 나도 공(空)하고 대상도 공(空)하여 일체 모든 것이 다 공(空)하다는 궁극의 진리를 깨달을 때 사자의 영혼은 대 자유를 얻게 된다.

그러므로 아무것도 없는 텅 빈 공(空)한 대상이 역시 아무 것도 없는 텅 빈 공(空)인 나를 해칠 수가 없다.

"텅 빈 것이 어떻게 텅 빈 것을 해칠 수 있겠는가?"

이런 진리를 명심하고 마음이 산란해지지 않고 편안한 마음을 가지면 그 즉시 사자의 영혼은 해탈을 하여 붓다의 경지에 들어갈 것이다.

***초에니 바르도의 가르침-모든 평화의 신들과 분노의 신들이 사자의 마음의 표출임을 알아야 한다.

지금까지 살펴 본 바와 같이 사후(死後)의 세계인 중음기에서 나타나는 정광명과 평화의 신들과 분노의 신들의 형상을 마주 한 사자의 영혼은 몹시 당황하게 된다.

그래서 살아 생전에 이 "듣는 것만으로 대 자유에 이르는 가르침"인 "티벳 사자의 서(書)"를 아는 것이 중요하다.

이렇게 사후의 중음기의 여정을 안내해 주는 "티벳 사자의 서(書)"를 만나는 것은 보통 행운이 아니다.

이와 같이 살아 생전에 명상 수행을 열심히 하여 진리의 경지를 경험해 보는 것이 중요하다고 할 것이다.

 살아 생전에 고도의 명상 수행을 하여 공성(空性)을 어렴
풋이나마 경험한 사자의 영혼은 죽는 즉시 치카이 바르도
에서 나타나는 백색의 투명한 광선인 정광명을 보는 즉시
해탈을 하여 영원한 대 자유를 얻게 된다.
그렇지 않고 살아 생전에 신들에게 기도를 많이 한 사자의
영혼은 두 번째 중음기의 단계인 초에니 바르도에서 평화
의 신들과 분노의 신들을 만날 때 해탈을 하여 윤회를 끊
고 영원한 붓다의 경지를 얻게 된다.
 그러므로 살아 생전에 이 "사자의 서(書)"를 열심히 공부
하고 수행을 해야지 사후의 중음기에서 쉽게 해탈(解脫)하
여 대 자유를 얻기가 쉬운 것이다.
그래서 이런 고귀한 가르침을 세상에 널리 알려야 한다.
사후의 중음기에서 쉽게 깨달아서 대 자유를 얻게 하는 이
"사자의 서(書)"를 만난 사람은 분명 과거 생에서 많은 공
덕을 쌓은 행운아임에 틀림이 없다.
그래서 이 가르침을 듣고 따라서 행하면 반드시 사후의 중
음기에서 쉽게 해탈을 하여 윤회를 끊고 영원하게 행복한
세계인 붓다의 경지가 된다.
즉, 존재의 근원을 체험하여서 우주의 주인이 되어 영원히
행복한 존재가 되는 것이다. 사후의 중음기의 두 번째 단
계인 초에니 바르도는 존재의 근원을 체험해서 해탈을 하
여 영원한 대 자유를 성취하도록 하는 가르침인 것이다.
이것이 "타벳 사자의 서(書)"가 가르쳐 주는 삶과 죽음의
지혜인 것이다.

이러한 초에니 바르도의 마지막 순간에서 사자의 영혼은 약 4~5일간, 즉 4.5일 동안 기절 상태를 경험하게 된다.

이렇게 하여 중음기의 두 번째 단계인 초에니 바르도가 약 18.5일동안 지속되다가 다음 단계의 중음기 상태로 넘어가게 된다.

그 마지막 단계의 중음기가 시드파 바르도(재생의 바르도 또는 환생의 바르도)인 것이다.

22. 시드파 바르도-환생을 준비하는 바르도

다음은 사후(死後)의 여정의 마지막 단계인 시드파 바르도(재생의 바르도 또는 환생의 바르도)이다.

이 시드파 바르도는 사자의 영혼이 중음기의 여정을 다 마치고 다시 육도윤회(六道輪迴)하는 환생을 준비하는 순간의 바르도(중음기)이다.

사자의 영혼은 앞의 단계인 치카이 바르도(임종의 중음기)와 초에니 바르도(법성의 바르도)에서 해탈할 기회를 다 놓치고 마침내 이 마지막 단계인 환생을 준비하는 시드파 바르도에 당도하게 된 것이다.

사람이 죽은 후 거치게 되는 중음기의 첫 번째 단계인 임종의 바르도, 즉 치카이 바르도의 순간에 나타난 여러 번의 해탈을 할 수 있는 기회를 놓치고 또한 두 번째 단계인 초에니 바르도에서도 많은 해탈을 하여 대 자유를 성취할 수 있는 기회를 놓치고 이제 그 마지막 단계인 이 환생을 준비하는 중음기인 시드파 바르도에 와 있는 것이다.

이 시드파 바르도에서 중요한 일은 사자의 영혼이 윤회의 세계로 다시 태어나는 것이다.

생명체가 거치는 여섯 가지의 세계인 지옥, 아귀, 축생, 아수라, 인간 그리고 천상의 영역 중에서 반드시 인간과 천상의 영역에서 환생하는 것이 중요하다.

다른 네 가지 영역은 참혹한 고통을 겪는 세계이다.

그러므로 아무런 고통이 없는 천상의 세계에 태어나야 한다. 이 세계는 오직 즐거움만이 존재하는 영역이다.

그러나 이 천상의 세계도 영원한 것은 아니다.

사자가 아주 좋은 업(業)을 지었을 때 천상의 세계에 태어나는 것이다.

그러나 이런 좋은 업(業)의 과보(果報)를 다 받고 나면 다시 다른 나쁜 세계로 태어나야 한다. 그래서 천상에 태어나는 것이 반드시 최고로 좋은 것은 아니다.

다음에 환생해도 좋은 영역은 인간 세계이다.

물론 인간 세계는 고통이 심한 세계이다. 석가모니 부처님이 왕자의 지위를 버리고 황야에서 극심한 고행(苦行)을 하신 것도 이러한 인간이 겪을 수 밖에 없는 고통을 극복하기 위한 것이었다.

인간이 누구나 겪는 고통을 네 가지 고통, 즉 사고(四苦)라고 한다.

태어나는 고통, 늙어가는 고통, 병드는 고통 그리고 죽어야만 하는 고통이다.

이런 인간의 숙명적인 고통을 없애기 위해서 부처님은 왕궁의 호화로운 생활을 버리고 출가하여 수행을 했던 것이다.

그리고 마침내 부처님은 완전한 깨달음을 성취하시어 영원히 고통이 없고 즐거움만이 존재하는 열반락(涅槃樂)을 얻으신 것이다.

이와 같이 인간으로 태어나는 것은 고통이지만 부처님과 같이 수행을 하여 영원불멸한 행복을 성취할 수가 있는 것이다.

이런 이유에서 인간 세계로 태어나는 것이 권장되는 것이다.

이 시드파 바르도는 약 27일간 계속된다. 사후 약 23일 때부터 49일째 까지이다. 이 바르도에서는 사자의 업(業)의 환영이 맹렬히 작용한다.
즉, 사자가 살아 있을 때의 카르마(업)에 따라서 무시무시한 환영들이 나타나서 사자의 영혼을 괴롭히는 것이다.
앞에서 살펴본 바와 같이 이 시드파 바드로에서 출현하는 수 많은 공포스러운 환영들은 단지 사자 자신의 카르마(업)로 인해서 마음 속에서 만들어진 것들이다.
이런 마음 속에서 생긴 환영들이 밖으로 투영되어서 사자의 앞에 나타나는 것이다.
이러한 현상은 물론 사자가 살아 있을 때에도 겪는 현상이다.
즉, 사자가 살아 있을 때 생각하고 보고 느꼈던 모든 일들도 다 환영이었던 것이다.
만일 사자가 밀교 탄트라 수행을 깊이 해서 이러한 모든 것들이 단지 환영임을 알았다면 사자의 영혼은 죽자 마자 곧 해탈을 하여 영원한 대 자유의 세계로 갔을 것이다.

이와 같이 사자의 영혼이 중음기의 마지막 단계인 시드파 바르도에 까지 오게 된 것은 이러한 궁극적인 진리를 몰랐기 때문이다.
그래서 여기 이 중음기의 여정에서도 이러한 궁극적인 진리를 알아야 비로소 해탈할 수 있는 것이다.
그러므로 여기 시드파 바르도에서 마주하게 되는 환영들을 실재하는 것이 아니라 단지 마음에서 만들어져서 밖으로 투영되어서 보이는 것뿐이라는 진리를 알아야 할 것이다.

즉, 모든 것이 아무것도 없는 텅 텅 빈 공(空)이라는 진리를 알아야 한다.

"환영이 환영을 해칠 수 없다는 진리를 깨달아야 한다."

"텅 텅 빈 공(空)이 텅 텅 빈 공(空)을 어떻게 해롭게 할 수 있겠는가?"

사자(死者)가 곧 공(空)이고 환영이다. 그리고 밖에 나타난 것도 역시 공(空)이고 환영이다.

이러한 진리를 잘 알고 무시무시하고 공포스러운 환영들을 보고 무서워서 도망치지 말아야 한다.

오히려 이러한 공포스러운 현상들이 자기 자신의 본성이고 자성(自性)인 줄 알고 신뢰하고 애정을 가져야 한다.

그래서 밖으로 나타난 환영들에 대해서 자기를 구원해 주려는 부처님이나 신이라는 것을 알고 그 속에 편안히 안주할 때 사자의 영혼은 즉시 해탈을 하여 윤회가 영원히 끊어진 붓다의 경지에 들어갈 것이다.

이 시드파 바르도에서 나타나는 현상들은 다음과 같다. 그리고 그에 대한

대책도 티벳 사자의 서(書)에 자세히 나와 있다.

(1) 시드파 바르도(재생의 바르도 또는 환생의 바르도)에서는 사자(死者)의

카르마(업)가 무시무시한 환영이 되어 사자를 몰아 붙일 것이다.

온갖 유령들과 악귀들의 환영이 나타나 사자를 공포스럽게
한다.

사람의 피를 마시고 화염에 쌓인 무시무시하고 공포스러운
형상을 한 존재들이 사자의 앞에 출현한다.

 이러한 사자의 카르마로 인한 환영들이 무시무시한 모습
을 하고 사자를

따라오며 "때려라, 죽여라!"하는 고함을 지르며 사자(死者)
를 뒤 쫓는다.

 또한 산들이 무너지고, 성난 파도가 세차게 밀려오고, 불
길이 치솟고, 거친 바람소리들이 들려올 것이다.

 이러한 눈앞의 무시무시한 환영에 속지 마라. 무서워 하
지도 말고 따라

가지도 마라. 대신에 항상 고요한 마음으로 생전에 배운대
로 적정(寂靜)의 경지에 대한 명상을 하라.

적정(寂靜)이란 것은 고요하고 고요한 상태를 말한다. 그러
므로 적정의 경지란 아무것도 없는 텅 텅 빈 공성(空性)의
세계를 말한다.

사실 우주 삼라만상의 모든 것은 이 아무것도 없는 텅 텅
빈 공(空)에서 생겨난 것이다. 내 몸과 마음도 마찬가지로
공성(空性)에서 출현한 것이다.

그러므로 지금 사자의 앞에 나타난 무시무시한 공포스러운
환영들도 당연히 텅 빈 공(空)이다. 이 사실을 잘 알고 이
환영들을 두려워 하지 말고 오히려 사자의 영혼을 구원하
려고 나타난 현상임을 깨달아야 한다.

그래서 이 환영들을 신뢰하고 애정을 가지고 그 속에 편안

히 안주하는 순간에 그 즉시 사자의 영혼은 해탈을 하여 영원한 대 자유를 얻게 된다.

명상이 잘 되지 않으면 스승과 자기의 수호신에게 기도하라. 생전에 가르침을 주던 스승의 말과 수행을 잘 생각하라. 그러면 진리의 세계를 알게 될 것이다.
그렇지 않으면 자기의 수호신, 즉 자기를 지켜 주는 부처나 신을 생각해야 할 것이다.
불교 신자에게 특별히 자기의 수호신을 정하지 않았으면 "관세음보살"을 생각하면 된다. 구고구난(求苦求難)의 관세음보살에게 기원을 하면 사자의 영혼을 올바른 길로 인도할 것이다.
이렇게 살아 생전에 자기를 수호해 주는 수호신을 정해 놓고 기도를 하지 않은 사자는 이와 순간에 천 개의 눈과 천 개의 손으로 항상 중생을 지켜 주시는 관세음보살에게 기도를 올리면 구원을 받을 수가 있다.

(2) 이렇게 해도 사자가 구원을 받지 못하면 사자의 영혼은 염라대왕 앞에 나아가 자신의 생전에 지은 업(業)에 따라 태어날 곳을 판정 받는다.
염라대왕의 나졸들이 무시무시한 형상을 하고 나타나더라도 두려움을 느끼지 않아야한다. 염라대왕은 업경대(業鏡臺)에 사자가 생전에 지은 업(業)을 비춰보게 된다.
사자가 생전에 저질른 잘못된 행동과 좋은 행동이 그 업경대에 자세히 비치게 된다.
이 업경대에 나타난 업(業)에 따라서 염라대왕은 사자의 장

차 태어날 곳을 정하게 된다. 이러한 무시무시한 순간에도 사자의 영혼은 무서움과 두려움을 가지지 않아야 한다.

 이렇게 공포스러운 형상을 한 염라대왕과 지옥의 나졸들도 다 환영임을 알아야 한다. 이 모든 것이 다 사자의 업(業)에 의해서 생긴 환영임을 확실히 알아야 한다는 것이다.

이러한 모든 현상들이 사실은 사자의 마음 속에서 생겨나서 바깥쪽으로 투영된 환영임을 깨달아야 한다.

환영이 어떻게 해로운 일을 할 수 있겠는가? 그리고 사자 자신의 영혼도 사실은 존재하지 않는 환영이 아닌가?

이렇게 "환영이 환영을 어떻게 해칠 수 있겠는가?"

이러한 사실을 사자가 명확히 깨닫고 오히려 그러한 염라대왕과 지옥의 나졸들이 자기를 구원하기 위해 출현한 환영임을 아는 것이 중요하다.

그래서 이러한 현상들을 두렵고 무섭게 생각해서 도망칠 것이 아니라 오히려 신뢰하고 애정을 가져서 그 속에 편안히 안주해야 할 것이다.

이 순간에 사자의 영혼은 해탈을 하여 영원히 윤회가 끊어진 대 자유를 누리는 붓다의 경지를 성취할 것이다.

 (3) 이렇게 하지 못하여서 사자가 해탈을 하여 구원을 받지 못하면 사자는 다시
몸(욕망체)을 갖고 싶은 열망이 강해진다.

사자의 전생(前生)의 업(業, 카르마)으로 인하여 마음 속에 생기는 환영을 따라 중음기에서의 몸인 사념체(思念體)가

생긴다. 즉, 사자의 몸을 갖고자 하는 열망에서 생긴 욕망체(慾望體)인 것이다.

이러한 욕망체는 완전한 몸이다. 어떠한 장애도 가지고 있지 않다.

오히려 사자가 살아 생전에 가졌던 몸보다 더 뛰어난 능력을 가지고 있다.

즉, 무엇이든 생각하는 대로 이루어지는 신통력을 가지는 것이다.

그러나 사자는 이러한 욕망체를 가졌을 때 이것이 환영이라는 것을 알아야 한다.

이 몸은 진짜 자기의 몸이 아닌 사후의 세계인 중음기에서 생긴 환영임을 알아야 한다.

이러한 욕망체는 전생의 자기의 몸과 그리고 장차 환생할 세계의 몸을 닮은 형상으로 나타난다.

이러한 순간에 사자에게 장차 환생할 영역의 광경이 비치게 된다.

이럴 때 아주 주의를 해야한다.

이때 사자에게 육도(六道)에서 나오는 빛이 비출 것이다.

사자의 몸은 자신의 카르마에 맞는 장차 태어날 세계의 빛 색깔을 띠게된다.

이 때 중요한 것은 사자의 마음에서 생겨난 욕망체가 좋은 세계를 선택하고 나쁜 영역에 떨어지지 않는 것이다.

이렇게 하기 위해서 사자는 몇가지 방법을 택해야 한다.

먼저, 사자의 마음 속으로 머리위에 있는 사하스라라 차크라(정수리 혈)에 사자의 수호신을 존치하고 명상하는 것이다.

이때 사자가 살아생전에 자기를 지켜 주는 수호신을 정해 놓았다면 그 수호신을 마음속으로 그리고 기도하는 것이다.

만일 사자가 살아생전에 정해 놓은 수호신이 없다면 관세음보살을 명상하고 기도하는 것이 좋다.

또한 그대 자신을 투명하고 텅빈 상태에 머물게 하라. 마음을 적정(寂靜)한 상태에 머물게 하라. 아무것도 없는 텅텅 빈 공성(空性)을 명상하라. 이 공성(空性)이 바로 사자의 존재의 근원이다. 존재의 원천인 것이다. 이러한 텅 빈 자기의 본성에 마음을 두고 깊이 명상을 하면 자연히 사자의 영혼은 해탈을 하여 자유롭게 된다.

(4) 이렇게 해도 깨달음을 얻지 못하면 사자의 영혼은 자궁 입구에서 환생을
하기 위해서 방황하게 될 것이다.

이 순간이 사자가 해탈을 해서 열반에 들거나 불국토에 태어날 수 있는 마지막 기회가 될 것이다.

그래서 사자의 영혼이 다시 환생하지 않게 막아야 한다. 여기에는 두 가지
방법이 있다.

하나는 사자가 자궁 속으로 들어가는 것을 막는 방법이고, 두 번째는 자궁문을 닫는 방법이 있다.

1) 사자가 자궁 속으로 들어가는 것을 막는 방법은 크게 두 가지가 있다.

a) 사자 자신의 수호신을 생각하고 기도하는 방법이다.
생각한다는 것은 그 수호신에게 명상하는 것을 말한다.
수호신을 마음속에 그리면서 시각화 명상을 하여야 한다.
사자가 살아 생전에 정해 놓은 수호신이 없다면 구고구난(求苦求難)의 관세음보살을 생각하면 좋을 것이다.
먼저 그 수호신의 형상을 마음속에 뚜렷이 떠올려야 한다.
그리고 그 수호신의 형상을 바깥으로부터 서서히 녹아 내리는 것이다.
이렇게 하여 수호신의 형상이 다 사라질 때 까지 집중하는 명상을 하면 자연히 사자의 영혼은 자궁으로 들어가지 않게 될 것이다.

b) 아무것도 없는 텅 텅 빈 공성(空性)의 세계에 대해서 명상하여야 한다.
이와 같은 아무것도 없는 텅 텅 빈 존재의 근원, 원천에서 나오는 깨끗한 투명한 백색의 빛을 명상하는 것이다.
이 빛은 아무것도 없는 텅 텅 빈 적정(寂靜)의 세계가 빛으로 표현된 것이다.
이렇게 사자가 존재의 근원인 자기의 본성에 대해서 명상을 하면 자연히 자궁에 이끌려 들어가는 것을 막을 수 있다.

2) 자궁문을 닫는 방법

이렇게 자궁문을 닫기 위하여 사자(死者)는 다음과 같이 생각을 해야한다.

a) 목전의 형상들이 자기의 업(카르마)에서 나온, 자기 마음에서 나온 환영이라고 생각하라.

지금 사자가 겪고 있는 환생의 중음기에서 일어나고 있는 모든 형상과 일들이 모두 자기 자신의 마음속에서 만들어져서 밖으로 투영되어서 생긴 순수한 환영임을 깨달아야 한다. 이 모든 소리와 빛과 색깔들은 단지 아무것도 없는 텅 텅 빈 존재의 근원에서 생긴 순수한 환영임을 알아야 하는 것이다.

이렇게 깨우쳐 아는 순간 사자의 앞에 놓인 자궁의 문이 닫힐 것이다.

b) 다음으로 자기의 수호신을 명상하고, 그 수호신의 영상을 서서히 녹여 자신과 하나가 되게 하라. 이것을 시각화 명상이라 한다.

사자가 살아 생전에 이런 밀교(密敎)의 수행을 한 경험이 중요하다.

이 시각화 명상은 상당히 실천하기가 어렵지만 이 중음기의 순간에 생전에 수행을 하던 순간을 떠올리고 그 명상 수행의 과정을 기억하면 된다.

이렇게 하여 사자의 정신이 순일무잡(純一無雜)하고 산란하지 않게 되면 사자의 영혼을 끌어 당기는 자궁의 문이 닫히게 될 것이다.

c) 마지막으로 아무것도 존재하지 않는 텅 빈 세계에서 비춰 나오는 투명한 빛에 대해서 명상하라. 그리고 그대의 마음을 태어나기 이전의 상태에서 휴식하게 하라. 태어나기 이전의 상태라는 것은 텅 텅 빈 아무것도 없는 공성(空性)의 세계를 말한다. 이것은 존재의 근원 그리고 원천을 가리키는 것이다.

마하무드라의 세계를 말한다. 마하무드라는 청정한 마음의 본체, 본연의 상태를 말하는 것이다. 이러한 존재의 근원과 마하무드라의 청정한 본체를 명상할 때 사자의 영혼 앞에 놓인 자궁의 문이 닫히게 될 것이고, 윤회의 고통스러운 세계로의 환생을 막을 수 있는 것이다.

이렇게 하면 사자의 영혼은 반드시 해탈을 하여 열반에 들게 될 것이다.

(5) 이런 방법에도 불구하고 사자가 깨닫지 못하면, 시드파 바르도의 마지막

단계인 환생(還生)을 하기 위한 자궁문을 선택하는 가르침을 따라야 한다.

육도의 세계의 환생 중에서 사자는 반드시 두 가지 선택을 해야한다.

첫 번째는 초자연적인 화생(化生), 즉 극락세계로의 환생이고,

두 번째는 인간으로의 환생이다.

a. 극락세계로의 초자연적인 화생(化生).

태어나고자 하는 극락세계를 생각하면서 간절히 기원하고

그 세계를 명상한다. 서방 극락정토의 아미타불에게 기원하고 명상해야 한다.

서방(西方) 극락정토는 아미타불께서 무수 억겁(無數億劫)의 세월을 기원하셔서 만들은 아무런 고통이 없고 무한한 즐거움만이 있는 세계이다.

지극히 아미타불을 염(念)하는 것만으로도 능히 이 서방 극락정토에 태어날 수가 있다.

이렇게 하여 아미타불이 다스리시는 서방 극락 정토에 태어난 사자의 영혼은 여기서 다시 공부와 수행을 하여 마침내는 성불(性佛)하여 영원히 윤회의 고통을 끝내고 대 자유의 열반락(涅槃樂)을 누리게 된다.

b. 인간 세계로의 환생(還生).

여러 윤회의 세계 중에서 인간으로 환생하는 자궁문을 선택해야 한다.

이렇게 하기 위하여 자궁문을 선택할 때 자궁문들에 대해서 애착, 혐오, 취사심을

버리고 조금도 편견이 없는 맑고 깨어있는 마음으로 자궁을 선택해야 한다.

사자는 모든 애착과 분노를 버리고 마음이 깨끗하고 산란되지 않은 상태로 머무는 것이 중요하다. 모든 것이 사자의 전생의 업(業)에 의해서 만들어진 환영임을 명심해야 할 것이다. 그래서 어떤 자궁에 대해서도 취사심(取捨心)을 버려야 한다.

오직 산란되지 않은 집중되고 청정한 마음을 가져야 한다.
평정(平靜)한 상태에서 머물게 되면 사자의 영혼은 좋은 자

궁을 선택하여 환생하게 된다.

이렇게 하여 천상세계에서 나오는 흰색 빛과 인간세계에서 비쳐오는 노란색 빛을 따라가야 한다.

보석들로 장식된 대 저택과 아름다운 정원속으로 들어가라.

여기서 산 사람들이 죽은 자를 위해 기원문을 낭송해 주어야 한다.

"존귀하게 태어난 OOO여!

만일 그대가 그대의 어리석음을 떨치지 못한다면 어떤 환영이 나타난다 하더라도 부처님과 부처님을 따르는 진리의 구도자들에게 기도하라.

천상계에서 비추어 나오는 흰색 빛의 길과 인간 세상에서 비추어 나오는 노란색의 길을 따라서 걸어가라. 보석들로 장식된 대 저택과 아름다운 정원 속으로 걸어 들어가라."

이 말을 사자(死者)에게 가까운 자리에서 여러 번 반복하여 읽어 주어라.

(6) 위에서 살펴본 바와 같이 사자의 영혼은 중음기의 여정에서 여러 가지의 현상을 경험하게 된다.

이러한 모든 과정은 사자의 영혼이 이 중음기에서 살아 생전보다 더 쉽게 해탈을 하여 대 자유를 성취하게 해 준다.

즉, 이러한 여러 단계의 중음기의 현상은 실제로 사자의 영혼을 구원해 주는 과정이다. 이것을 알고 사자는 살아 생전에 이러한 "티벳 사자의 서(書)"를 열심히 공부하는 것이 중요하다고 할 것이다.

만일 사자가 살아 생전에 이러한 "사자의 서(書)"의 내용을 잘 숙지 했다면 사후 세계의 중음기에서 쉽게 해탈을 하여 대 자유를 누리게 될 것이다.

그리하여 "만약 사자가 살아 생전 밀교를 깊이 있게 수행하여 아무것도 없는 공성(空性)을 체험했다면 아무런 중음기의 단계를 거치지 않고 죽는 순간에 즉시 해탈을 하여 대 자유의 세계로 가게 된다."

그러나 이런 고도의 수행을 통한 마하무드라, 즉 마음의 공성을 체험하지 못했지만 그래도 깊은 존재의 근원에 대한 통찰이 있는 사자의 영혼은 중음기의 첫 번째 단계인 치카이 바르도(죽는 순간의 중음기)에서 맑고 투명한 백색의 빛인 정광명(淨光明)을 인식하여 해탈을 해서 윤회를 끊은 대 자유의 세계로 가게 된다.

이런 깊은 밀교(密敎)의 공부와 수행을 하지 못한 낮은 단계의 사자의 영혼들은 사후의 중음기의 두 번째 단계인 초에니 바르도(존재의 근원을 체험하는 중음기)에서 14일 동안 평화의 신과 분노의 신들의 형상으로 출현하는 사자 자신의 업(業)에 의해서 만들어진 환영들을 겪으면서 해탈을 하여 대 자유를 누리게 된다.

그리고 마지막으로 이런 단계들을 거치면서도 해탈을 하지 못한 사자의 영혼은 육도의 세계로 환생하는 단계인 시드파 바르도(환생의 중음기)에 다다르게 된다.

이 단계에서 사자의 영혼은 자기가 환생할 세계의 자궁을 잘 선택함으로 해서 천상과 인간 세계로 태어나게 된다.

이렇게 함으로써 사자의 영혼은 다시 밀교(密敎)를 깊이 수
행하여 해탈을 할 수 있는 좋은 기회를 가지게 된다.

23. 결론: 사자의 서(書)의 내용의 의미

 이러한 사후의 여정에서 티벳 사자의 서의 여러 가지 단계의 가르침을 잘 따르면, 아무리 악업을 많이 지은 사람이라고 하더라도 반드시 깨달음을 얻어 영원한 자유에 이를 것이다. 사후의 중음기에서는 사자의 의식이 생전의
9배나 더 밝기 때문에 이렇게 사자의 서(書)의 가르침을 한번 듣는 것만으로도 대 자유를 얻을 수 있다.
그래서 이 사자의 서(書)의 가르침을 살아 생전에 가능한한 자주 읽고 그 의미에 대해서 생각하고 명상을 해야한다.
그래야지 죽음의 순간에 출현하는 여러 가지 현상들에 잘 대처할 수가 있는 것이다.

 이 티벳 사자의 서(書), 즉 바르도 퇴돌(BArdo Thodol)의 가르침은 생전에 명상이나 불교 공부를 하지 않았다 하더라도 이 심오한 가르침을 들려주는 것만으로도 사자의 영혼을 대 자유(大自由)에 이르게 할 수 있다.
이 가르침은 많은 악행을 저지른 사람들까지도 영원한 대 자유의 길로 이끈다.
이 비밀의 가르침을 통해 누구든지 죽음의 여정(旅程)에서 붓다의 경지를 얻을 것이다.
이것이 육체를 가지고 태어난 존재를 영원한 자유에 이르게 하는 "티벳 사자의 서(書)", 즉 바르도 퇴돌(Bardo Thodol)의 내용이다.
즉, 지금까지 살펴본 "사후 세계에서 듣는 것만으로 대 자유에 이르게 하는 위대한 가르침"이라고 하는 심오한 가르

침의 핵심이다.

(티벳 사자의 서(書)가 끝남)

24. 도인(道人)의 사후(死後)는 어떻게 되는가?

 그렇다면, 살아 생전에 수행을 열심히 하여 우주의 근본, 근원(根源)과 나의 근본, 근원을 깨달은 사람들의 사후(死後)의 과정은 어떻게 되는 것인가?
깊은 수행을 하여 삼매(Samadhi)에 들면 불교에서 말하는 공(空, Emptiness)에 들어갈 수가 있다. 이 공(空)은 아무 것도 없는 텅 텅 빈 세계에 무한한 행복, 평화와 자유가 있는 세계이다. 또한 이루 말 할 수 없는 지복(至福, Ultimae Bliss)을 누리는 세계인 것이다.
살아 있을 때 열심히 수행을 하여 이러한 공(空)의 세계를 깨달은 사람들의 영혼은 중음기(Bardo)의 여러 과정을 거치지 않고 곧 바로 이러한 공(空, Emptiness), 즉 열반(涅槃, Nirvana)의 세계로 곧장 가는 것이다.

 물론 수행의 깊이에 따라서 죽은 후 곧장 열반(Nirvana)에 들어가는 사람도 있을 것이고 몇 번의 생(生)을 더 수행을 해서 열반(涅槃)에 들어 갈 수도 있는 것이다.
열반(Nirvana)에 들어 가는 시간도 깨달음을 이룬 수행자의 의도대로 영원히 공(空)의 세계, 즉 열반(Nirvana)의 세계로 들어 갈 수도 있고 중생 구제를 위하여 잠시 열반(涅槃)에 들었다가 다시 인간 세계로 돌아와서 부처와 보살로 태어나 고통을 받는 중생들을 구제할 수도 있는 것이다.
부처님께서는 우리가 사는 이 세상이 고통뿐이라고 가르치셨다. 그래서 부처님은 우리에게 이러한 인생의 고통을 제거하고 영원히 행복한 세계인 해탈(解脫, Moksha)과 열반(涅槃, Nirvana)의 세계로 가는 길과 방법을 제시하신 것이다. 이러한 길, 즉 수행을 해서 불교의 궁극적 목적인 영원히 행복한 공(空, Emptiness)의 세계, 즉 열반(Nirvana)의 세계를 증득(證得)하는 것이 불교의 궁극적인 목표가 된다고 할 수 있는 것이다.

위에서 살펴 본 바와 같이 비록 우리가 살아 생전에 깨닫지 못했다고 할지라도 "티벳 사자의 서(書), The Tibetan Book of the Dead"에서 설명하고 있는 사후(死後)의 3단계 과정 중에서 해탈(Moksha)를 성취하여 열반(Nirvana)의 세계로 갈 수가 있다.

그러나 가장 확실한 것은 우리가 살아 생전에 열심히 수행하여 공(空), 즉 부처님의 성품인 불성(佛性)을 증득(證得)하여 영원히 행복한, 희열의 덩어리인 열반(涅槃, Nirvana)을 성취하는 일일 것이다.

25. 공성(空性)을 깨달아 쉽게 해탈하여 성불하는 수행법-주력(呪力)수행-신묘장구대다라니 수행법

이 책의 서두에서 말씀드린 바와 같이 필자는 운이 좋게도 신묘장구대다라니 독송이라는 주력(呪力) 수행법을 실천하여 불과 3년이라는 짧은 시간에 완전한 공성(空性) 삼매(三昧)에 들게 되었다.

이와 같이 신묘장구대다라니 수행은 빠른 시간 안에 공성(空性)을 증득(證得)하여 부처의 과위에 오르는 아주 좋은 수행법이다.

특히, 신묘장구대다라니 주력 수행으로 한 번 공성(空性)에 들어가게 되면 한번의 깨달음만을 성취하는 게 아니라, 자기가 원하는 만큼의 시간 동안 그리고 자기가 원하는 때에 항상 공삼매(空三昧)에 들어갈 수 있는 수행법인 것이다.

이 점이 단 한 순간의 깨달음으로 끝나는 여타의 다른 수행법들과 다른 점이다.

정말, 수많은 수행법 중에서 가장 뛰어난 수행법이 아닌가 생각한다.

시중에는 신묘장구대다라니에 대한 여러 권의 책들이 나와있다.

또한 인터넷 검색을 하면 쉽게 신묘장구대다라니 원문을 찾을 수 있다.

길지 않은 적당한 분량의 원문이다. 한글로 250 단어 정도의 분량이다.

물론 불교 경전인 천수경(千手經)속에 나와 있는, 불자라면 누구나 다 알고 외우고 있는 주문(呪文)이다.

또한 youtube에서는 많은 스님들이 독경한 영상이 많이 있다. 참조하면 좋을 것이다.

흔히 신묘장구대다라니를 다라니(Dharani)라고 하는데, 이 다라니 라고 하는 말은 만트라(진언)이 긴 것을 가리키는 말이다.

즉, 만트라(진언)가 긴 것을 다라니라고 한다. 그리고 우리 나라에서는 주력(呪力) 수행이라고도 한다.

이 신묘장구대다라니는 티벳 밀교에서도 아주 신비한 수행법으로 알려지고 있다.

티벳에서는 "관세음보살의 위대한 자비심 만트라, The great compassion mantra of Avalokiteshvara"라고 불리어 진다.

이 신묘장구대다라니는 그 이름과 같이 이것을 독송하는 수행자에게 크나큰 행운을 가져다 줄뿐만 아니라 궁극의 진리를 깨닫게도 해 주는 신비한 주문이다.

그러니 이 다라니를 열심히 독송하고 수행하기를 바라는 바이다.

이 다라니 수행을 하는 첫째 방법은 먼저 이 다라니 전문을 외우는 것이다.

길지가 않으므로 쉽게 외울 수가 있을 것이다.

그리고 나서 자기가 좋은 방법으로 항상 외우는 것이다.

소리를 내서 독송해도 좋고 마음속으로 염송을 해도 좋다.

다만 필자의 경험으로 생각해 보건데는 소리를 내지 않고 마음속으로 계속 염송하는 것이 더 좋았다는 생각이 든다. 그러나 소리를 내서 하다가 또 마음속으로 염송하는 방식으로 하는 것이 무방할 것이다.

이렇게 열심히 수행을 하다 보면 어느 순간 놀랄만한 경험을 하게 될 것이다.

필자와 같이 엄청난 공성(空性)의 세계를 증득(證得)할 것이다.

뒤에 나오는 아미타불 염불 수행법을 참조하여 이 다라니 수행에 적용한다면 좋은 효과를 거둘 수가 있을 것이다.

부디 열심히 이 신묘장구대다라니 수행을 하시어 영원히 행복하게 존재하는 부처의 경지를 증득 하시길 바란다.

26. 영생(永生)의 진리-신묘장구대다라니 수행법

중국 명나라 시대의 4대 고승(高僧)중의 한 분인 감산(憨山)대사의 공(空) 삼매 체험의 일화를 통하여 "영생(永生)의 진리"를 체득할 수 있는 방법을 알아보자.

명나라 4대 고승의 한 분답게 이 감산 대사님은 많은 경전 공부와 수행(修行)을 하신 분이시다.

많은 경계를 체험하셨지만, "영생의 진리"를 확실하게 체득하신 것은 다음과 같은 경험에 의해서이다.

어느 고요한 저녁이었다. 대사께서 거처하시는 산속의 고요한 경치를 감상하고 계실 때이다.

갑자기, "몸과 마음" 그리고 "세계"가 다 사라져 버렸다.

"텅 빈 공(空)의 세계"에 드신 것이다.

불교에서 최고의 진리로 여기는 "아공(我空)", "법공(法空)"의 진리에 드신 것이다.

즉 "나"도 없고 "나를 둘러싸고 있는 이 세계"도 없는 "공(空)"의 진리를 체험하신 것이다.

이것이 반야심경과 금강경등에서 말하는 불교의 "영생의 진리","영생의 세계"를 체득하는 길인 것이다.

이 "공(空)"의 세계가 얼마나 평화롭고, 행복하고, 지복(至福)이 넘치고, 편안하고...."

그러면 이러한 "공(空)"의 세계를 체험하는 것이 어려운 것인가?

결코 그렇지 않다.

한번 이런 좋은 "공(空)"의 세계에 들어가는 방법을 체득하면, 항상 자기가 원하는 때에, 원하는 시간만큼 그 "공(空)"
의 희열을 즐길 수가 있다.

  약 기원전 2세기 경의 인도에 파탄잘리(Patanjali)라는 요
가의 대성자가 계셨다.
이 분께서 이때까지 전래 되어오던 요가와 불교의 명상법
을 총망라한 요가 명상법의 가장 중요한 "경전"을 편찬하셨
다.
이 세상의 모든 "요가 명상법"의 근본이 되는 가르침일 것
이다.
바로 그 유명한 "파탄잘리의 요가 수트라(The Yoga
Sutras of Patanjali)", 즉 "파탄잘리의 요가경(經)"이다.
여기에 8단계의 요가 명상법 순서가 설명되어있다.
그래서 우리말로 "8지(枝)요가", 즉 "8개의 가지(枝)의 요가
명상법"이라고 불리어진다.

  그 8가지 단계 중에서 첫 번째 부터 5번째 단계까지는 본
격적인 요가 명상을 위한 몸과 마음을 청정히 하는 예비
단계이다.
6번째 단계부터 마지막 8번째 단계까지가 본격적인 요가
명상 수행법이다.
그것은 "다라나(dharana)","디야나(dhyana)" 그리고 마지막
8번째 단계인 "사마디(samadhi)"이다.
우리 불교의 관점에서 보자면,
"집중(止,사마타 samatha)","관(觀,위빠사나 vipasana) 그
리고 마지막 단계인 "삼매(三昧)"가 될것이다.

마지막 단계인 "삼매(samadhi)"에 들면 "영생의 공(空)"에 들 수가 있다.

그러기 위해서 "집중(止)"하는 명상법을 수행할 수도 있고, 진리의 이치를 관찰하는 수행법인 "관(觀)"법을 행할 수도 있다.

그러나 보통 "집중(止)"법이나 "관(觀)"법중 어느 하나를 수행해도 이 둘의 명상법이 같이 섞여 있다고 할 수 있겠다.

이러한 요가 명상 수행법은 수없이 많이 존재한다.

그 많은 명상 수행법 중에서 자기 성향과 업(業)에 가장 잘 맞는 수행법을 택하면 된다.

어느 명상 수행법이 특별히 좋다는 것은 없다.

예를 들어 "참선"법은 근본적으로 "관(觀)"의 명상 수행법에 속하는 것이라고 할 수 있겠다.

하옇튼, 필자는 이러한 많은 명상 수행법 중에서, "나무아미타불" 염불법이 "영생의 공(空)"의 진리를 체득하는 데에 최고의 명상 수행법이라고 강력히 권하고 싶다는 것이다.

나무는 귀의(歸依) 한다는 뜻이다. 아미타불은 우주의 법신(法身)을 의미한다.

법신(法身)이라는 것은 우주의 근본 이치, 근본 바탕을 말한다. 그래서 "아미타불"은 우주의 근본 이치, 바탕인 공(空)을 나타내는 부처님이신 것이다. 만일 이 나무아미타불 염불 수행을 하면 우주의 본래 면목인 참 나인 공(空)을 깨달을 수가 있는 것이다.

하옇튼, 여러 가지 많은 명상 수행법 중에서 만트라(진언)

수행법이 삼매를 성취할 수 있는 가장 기본적인 것이라고 생각한다. 가장 쉽게 그리고 빠르게 삼매를 성취할 수 있는 것이 만트라(진언) 수행법의 특징인 것이다.

인도나 티벳(Tibet)의 수행에서 만트라(眞言, 진언) 수행을 제일 중요시 하는 것도 이런 이유에서 일 것이다.

만트라(진언, 眞言)의 대표적인 것이 "옴마니반메훔(Om Mani Pad Me Hum)"같은 것이라고 할 수 있다.

그리고 이 만트라(Mantra, 진언)가 긴 것을 다라니(Dharani)라고 하는데 우리나라에서는 주력(呪力) 수행이라고 한다.

"신묘장구대다라니"와 "능엄주"같은 것이다.

 이러한 만트라(진언), 다라니(주력) 다음과 같은 좋은 특성이 있다.

 첫 번째, 집중하는데 제일 효과가 크다.

이 말은 빨리 쉽게 삼매를 성취하여 "영생의 공(空)"의 진리를 효과적으로 성취할 수가 있다는 말이 될 것이다.

두 번째, 각각의 만트라(진언)은 그 고유의 파동을 보유하고 있어서 이 만트라를 염송하는 사람의 소원, 즉 목적을 가장 잘 성취케 해 준다.

마지막 세 번째, 이러한 진언(眞言), 주력(呪力)은 부처님의 강력한 가피를 입는다는 것이다.

그래서 이러한 만트라(진언)와 다라니(Dharani)수행자의 소원이 빨리 성취가 되는 것이다.

예를 들어, "옴마니 반메훔" 진언(眞言)을 챈팅(chanting),

염송, 반복해서 외우는 진언 수행을 하면 "관세음보살"의 가피를 받는다는 것이다.

"신묘장구대다라니"주력 수행을 하는 경우도 "관세음보살"의 강력한 가피를 받을 수 있는 것이다.

이런 의미에서 이 온 우주의 최고의 진리이신 신묘장구대다라니 수행을 하시면 최고, 최상으로 "영생의 공(空)"의 진리를 성취할 수가 있는 것이다.

그러면 어떻게 이 좋은 다라니 수행을 할 것인가?

첫 번째, 그냥 편한 대로 노는 입에 염불하는 식으로 하다 보면 점점 집중이 되어서 결국 "삼매(三昧)"에도 들 수가 있다.

물론 밖으로 입으로만 염불할 수도 있고 안으로 마음으로 염불을 하는 수도 있고, 이 둘을 자기 편한 대로 섞어서 할 수도 있다.

마음속으로 염불하는 것이 입으로 하는 염불보다는 더 효과적이라 하겠다.

두 번째, 양미간(兩眉間), 즉 양 눈썹 사이에 마음을 집중하면서 입으로 또는 마음속으로 신묘장구대다라니를 독송하는 방법이 있다.

석굴암 부처님의 양 이마에 보석이 박혀있는 것과 같이 이 양미간 사이는 "제3의 눈" 이라고 해서 깨달음이 열리는 장소인 것이다.

이렇게 입으로 또는 마음속으로 다라니를 하면서 또한 마음속으로 양 눈썹 사이의 "제3의 눈"에 집중을 하는 다라니 수행을 권해 드린다.
조금 해보시면 그렇게 어려운 수행 방법은 아니다.

그리고 마지막 세 번째 다라니 수행 방법 으로서는,
입이나 마음속으로 다라니를 염송하는 동시에 이제는 머리의 정수리 부분(이것을 인도 요가에서는 사하스라라 (Sahashrara) 차크라(Chakra)라고 한다) 위에
휘황 찬란한 광체가 나는 관세음보살을 마음속으로 상상 (시각화)하는 다라니 수행법이 있다.
물론 이 진언 또는 다라니 수행법이 가장 효과가 크다고 할 수가 있겠다.
이 신묘장구대다라니 수행법 또한 실제로는 그렇게 어려운 것도 아니다.

이렇게 다라니 수행을 하시다 보면 어떻게 된다는 것인가?
위에서 말씀드린 중국 명나라 4대 고승(高僧)중의 한분이신 감산(憨山)대사의 경험과 같은 체험을 하게 될 것이다.
이 분보다 더 깊은 삼매에 들어서 더 깊은 공(空)의
체험을 할 수가 있는 것이다.
이렇게 "공(空)"의 세계에 들어 갈 때에는 공식과 같은 현상이 생긴다.
염불 수행(진언 수행)을 열심히 하다 보면 어느 순간 양 쪽 눈알을 마치 벽에 못으로 박아놓은 것과 같이 강력하게 집중된 것을 느끼게 될 것이다.

그리고 나서 바로 "내 몸"이 사라지는 것을 느끼게 된다.

그 다음에 "내 마음"이 사라져 버리는 것을 알게 된다.

이 "내 몸"과 "내 마음"이 사라지는 것이 바로 "아공(我空)" 즉 내가 텅 비는 것이다.

그리고 그 후 "나를 둘러싸고 있는 온 우주"가 사라지는 경험을 할 것이다. 즉 "객관 세계"가 사라지는 것이다.

이것이 모든 대상 세계가 사라져서 텅 비게 되는 "법공(法空)"의 상태이다.

이러한 상태가 바로 불교에서 말하는 최고의 진리인 "공(空)", 즉, "진공묘유(眞空妙有)"의 세계인 것이다.

여기서 불교의 모든 것이 완성되는 것이다.

 이렇게 다른 많은 명상 수행법 중에서 만트라(진언), 특히 다라니(Dharani) 수행법이 좋은 점은 한번 이러한 "아공(我空), 법공(法空)"의 진리를 체험하면

그 후부터는 자기가 원하는 때에 또한 자기의 염불 수행의 깊이에 따라서 그러한 "공(空) 삼매"에 들어가는 시간이 얼마든지 길어질 수가 있다는 것이다.

예를 들면, 한 번의 "공(空) 삼매"가 최소한 6~7시간부터 고도의 수행자들은 몇 년 또는 그 이상의 기간도 "삼매의 열락(悅樂)"을 취할 수도 있다고 하는 것이다.

일반적으로 잠시 눈깜짝 할 사이(약 1초 정도)만 "공(空)"을 체험해도 견성(見性)했다고 하는 것이다.

그러나 신묘장구대다라니와 같은 진언(眞言, 만트라) 또는 긴 진언인 다라니(Dahrani) 수행을 하면 오랜 시간 동안 이런 공상매(空三昧)에 푹 잠겨 있을 수가 있는 것이다.

물론 그 경지도 더욱더 깊다고 할 것이다.

27. 공(空)이란? 공(空)의 세계는 실제로 어떠한 것인가?

실제 체험한 공성(空性)의 세계를 간략하게 설명하면 다음과 같다.

"아무것도 없는 무한하게 텅 텅 빈 곳에 말로 표현할 수 없는 편안함과, 자유, 행복, 기쁨, 희열, 지복(至福)등 모든 좋은 것들이 다 있는 영원하고 지극히 행복한 세계"

공(空)은 불교의 최고의 가치이다. 공(空)을 공부하고 공을 깨닫는 것이 불교의 궁극적 목적이라고 해도 과언이 아니다.
불교의 어느 종파, 어느 수행법을 막론하고 비록 그 표현하는 바가 다를지라도 이 사실에 반대하지는 않을 것이다.
최고의 진리를 설하고 있다는 "반야심경"과 "금강경"이 바로 공(空)을 극명히 밝히셨고, 또 부처님께서도 이 공을 설한 "금강경"에서 모든 부처님의 "법"이 나오셨다고 분명히 말씀하셨다.
다시 말해본다면 바로 이 "공(空)"을 부처님께서 확철히 깨달았기 때문에 부처님의 그 많은 8만 4천 법문이 나올 수 있었던 것이다. 그 외의 다른 중요한 경전이나 또 깨치신 분들의 말씀도 다름 아닌 이 공(空)의 도리를 보시고 하시는 말씀인 것이다.

금강경은 처음부터 끝까지 공(空)의 도리를 다양한 비유를 들어서 말씀하고 있다. 계속 반복적으로 공의 도리를 이야기하면서 공을 체득할 수 있게 해준다. 참으로 부처님의 자상하심과 중생을 깨우치실려고 하는 대 자비(慈悲)를 느끼게 된다.

이러한 공의 도리가 잘 나타난 것이 4구게(四句偈)로 이루어진 4개의 게송(偈頌), 즉 4 사구게(四 四句偈)이다. 그중 하나이다.

"범소유상(凡所有相) 개시허망(皆是虛妄)
약견제상비상(若見諸相非相) 즉견여래(即見如來)"

"무릇 형상이 있는것(우주 천지의 모든것)은 모두 허망한 것(가짜, 허상, 실재가 아닌 것, 환영...)이다.
만일 이러한 모든 형상 있는 것을 실재하지 않는 것, 가짜, 환영이라고 보고 안다면 즉시 부처님을 볼 것이다(부처가 될 것이다.)"

이와 같이 근본적으로 공(空)은 어떤 형상도 없는 비상(非相), 즉 무형상(無形相)의 텅 텅 빈 상태를 말한다고 할 수 있다. 또한 그 텅 텅 빈 공의 세계는 그냥 텅 빈 채로 있는 것이 아니라 그 안에 모든 훌륭한 것들을 다 포함하고 있다.

관세음보살님의 자비(慈悲)와 문수보살님의 지혜(智慧)뿐만 아니라 이 세상의 어떤 것보다 비교할 수 없는 공덕을 지니고 있는 것이다.

이것을 다른 식으로 말해본다면, 텅 텅 빈 무한대의 공(空)의 세계에 말할 수 없는 편안함, 자유, 행복, 평화, 기쁨, 희열, 지복(至福)...이 가득 차 있다. 이 상태가 공의 상태이고 이것을 아는 것이 바로 공을 깨닫는 것이다. 금강경이나 다른 경전에서 이 정도로 공(空)에 대한 말씀을 하셨지만 부처님이 최후에 열반에 드실때 마지막으로 법을 설하신 "열반경"에는 열반의 상태, 즉 공의 상태를 상(常), 락(樂), 아(我), 정(淨)이라고 분명히 말씀하셨다.

즉, 이 공은 항상 존재한다. 나고 죽는 것이 아니다. 불생불멸 한 것이다(常).
또 항상 즐거운 것이다. 거기에는 말할 수 없는 기쁨과 지복(至福)이 있는 곳이다(樂).
그리고 그 공(空)이 진정한 나이다. 무아(無我)인 참 나인 것이다. 즉 부처라는 것이다. 이것이 영원히 나고 죽지 않는, 영원히 존재하는 진짜 나라는 것이다(我).
마지막으로 정(淨)이라고 말씀하신 것은 이 공의 세계가 깨끗하다는 것이다. 말로 표현할 수 없는 청정한 고요하고 적멸(寂滅)한 세계라는 것이다.
그래서 공(空)은 이렇게 표현해 볼 수 있겠다.

"무한하게 텅 텅 빈 곳에 말로 표현할 수 없는 편안함과 자유, 행복, 기쁨, 희열, 지복등 모든 좋은 것이 다 있는 상락아정(常樂我淨)하는 상태(세계)"이다.

물론 이것은 말로, 생각으로 표현된 것이기 때문에 실제의 공과는 엄청난 차이가 있지만 그래도 이런 식으로 공의 도리를 말해보는 것이 공(空)을 아는 데 많은 도움이 되리라 생각한다.

이러한 공(空)에서 우리가 살고 있는 이 현상세계가 생겨난 것이다.

그래서 이 현상세계를 꿈, 환영, 물거품, 이슬, 번개등으로 표현하는 것이다. 이런 의미에서 공을 알면 이 세상에서 고뇌하지 않고, 고통받지 않고, 모든 희로애락에서 자유로운 해탈한 사람이 된다고 할 수 있겠다.

또 한편 이 공의 세계, 부처의 세계, 불성(佛性)의 세계에서 이 세상의 삼라만상이 생겨났으므로 우리가 다 같은 불성을 가진 똑같은 부처라고 하는 것이다.

즉, 이 우주 삼라만상의 근본은 다 같은 공(空)이라는 것이다. 그래서 역설적으로 이 공을 깨달으면 세상을 등지는 게 아니라 이 세상을 다 같은 평등한 부처로 보고 평화롭게 살아갈 수 있는 것이다. 이와 같이 이 공(空)을 앎으로 해서 얻게 되는 지혜가 엄청나다고 말씀드릴 수가 있겠다. 하옇튼, 보는 견지에 따라서 여러 가지 말씀도 있겠지만 공에 대한 이러한 말씀들은 들을만한 가치가 충분히 있다고 생각한다.

28. 반야심경(般若心經)의 공즉시색(空卽是色)과 색즉시공 (色卽是空)

반야심경은 어렵다?

모든 불교 경전을 지적(知的)으로 이해하려고 하면 그 내용들이 이해하기가 무척 어렵다.

이론적으로 연구를 해서 불교 경전, 특히 대승(大乘) 경전을 이해할려고 한다는 것이 차라리 불가능 하다고 말하고 싶다.

불교는 깨달음의 종교이다.

깨닫지 못하고 지성적(知性的), 논리적 그리고 합리적으로 불교를 이해할려고 하면 한없이 어려워진다는 말이다.

그러나 척 깨닫고 나면 불교의 말씀이 한없이 쉬워진다.

척 보면 그 뜻이 척 통한다.

예를 들어, 반야심경의 공즉시색(空卽是色)과 색즉시공(色卽是空)의 뜻을 알아보자.

"아무것도 없는 텅 빔이 바로 물질이요, 물질이 바로 텅 빔이다."

이것을 어떻게 지적, 논리적으로 설명할 것인가?

어렵고도 어려운 일 같이 보인다.

이렇기 때문에 평생을 절에 다녀도 이런 불교의 말씀을 이해하지 못하는 것이다.

깊은 삼매(三昧, Samadhi)에 들어가서 내 몸과 마음 그리고 우주 삼라만상 모든 것이 다 사라지면 그때 아무것도 없는 텅 텅 빈 공(空)의 자리가 나타난다.

이것이 공(空)이다.

그리고 이 공(空) 삼매에서 다시 나와서 일상의 상태로 돌아오면 바로 그것이 물질인 색(色)이 되는 것이다.

이래서 공(空)이 곧 색(色)이라고 하는 말씀이 되는 것이다.

즉, 공즉시색(空卽是色)이 되는 것이다.

반대로 색즉시공(色卽是空)도 쉽게 이해할 수 있다.

물질인 현실 세계에서 수행을 하여 깊은 삼매(Samadhi)에 들어가서 내 몸과 마음 그리고 우주 삼라만상이 다 사라지면 곧 바로 아무것도 없는 텅 텅 빈 공(空) 자리가 나타난다.

물질인 색(色)이 곧 공(空)이 된 것이다.

이것이 색즉시공(色卽是空)인 것이다.

이와 같이 깊은 수행을 하여 공성(空性)의 자리에 들어가면 불교의 모든 경전과 말씀들이 바로 그 자리에서 척하니 이해가 되는 것이다.

이렇게 되면 어떤 것이든지 불교의 말씀들을 다 아는 지혜(知慧)가 생긴다.

마조(馬祖) 선사께서는 "일오영오(一悟永悟) 불부갱미(不復更迷)"라고 말했다.

즉, "한번 깨달으면 영원히 깨닫는 것이고 다시는 미혹해지지 않는다"라는 뜻이다.

불교는 깨달음의 종교이자, 지혜(智慧)의 종교이다.

깨달음을 얻으면 바로 깨달음으로 인한 지혜가 생긴다.

이렇게 생긴 지혜가 영원히 지속되어 다시 미혹해지지 않는 것이다.

이러한 지혜를 얻음으로 해서 깨달은 자(者)는 영원한 행복인 해탈(解脫)과 열반(涅槃)의 자리에서 영생(永生)을 누리게 되는 것이다.

이런 점에서 물론 불교 공부도 중요하지만 더욱더 중요한 것은 실제로 참구를 해서 불교의 진리를 깨닫는 것이라고 할 수 있겠다.

열심히 수행하시라. 수행 방법은 많이 있다.

"진리는 하나이지만, 길(방법)은 많이 있다. (Truth is one. Paths are many!)"

29. 반야심경과 금강경의 공(空)의 진리

불교에서는 왜 공(空)을 강조할까? 공수래(空手來) 공수거(空手去)라고 하지 않는가? 빈손으로 왔다가 빈손으로 가는 것이란 뜻이다. 이 말은 지금 우리가 살고 있는 이 세상살이가 그렇다는 것을 말한 것이다.

그러나 불교에서 말하는 공(空)은 단순히 이 세상살이가 텅 빈 것, 허무한 것이란 비유로 말한 것만은 아니다. 사실, 실제로 진리의 견지에서 보면 우리가 살고 있는 이 우주가 텅 빈 것, 환영(幻影), 허상(虛相), 실재(實在)하지 않는 것이란 말이다.

불교 경전에서도 그렇게 말을 하고 실제 수행에서도 이와 같이 깨달아야 한다는 것이다. 이런 견지에서 공(空)이란 말을 조명해 보고자 한다.

유명한 대승불교 경전인 반야심경(般若心經)은 이렇게 시작한다. "관자재보살 행심 반야바라밀다시 조견 오온개공 도 일체개고(觀自在菩薩 行深 般若波羅蜜多時 照見 五蘊 皆空 度一切苦厄)"

즉 "관세음보살이 깊은 수행을 하고 있을 때 오온(五蘊)이 공(空, 텅빔, 없음)한 것임을 아시고 모든 고통을 건너셨다"라는 말이다.

그러면 "오온(五蘊)"이란 무엇일까? 그것은 다섯 가지 쌓임, 다섯 가지 무더기란 뜻이다. 즉 "색수상행식(色受想行識)" 다섯 가지를 말한다.

이중 "색(色)"은 물질, 몸을 말하고 "수상행식(受想行識)"은

마음을 가리킨다. 또한 "색(色)"은 물질을 가르키기 때문에
이 우주를 말하기도 한다.

  그래서 "몸과 마음", 즉 내가 "공(空)"하고 또한 물질계인
이 우주가 "공(空)"하다고 하는 것이다. 즉 나와 우주의 모
든 것이 "공", 즉 텅 빈 것, 없는 것, 환영이라는 것이다.
이를 "아공(我空), 법공(法空)"이라 한다. 나를 포함한 이
현상계의 모든 것이 실제로 존재하지 않는 환영(幻影), 허
상(虛相)이라는 말이다.

  이런 견지에서 "조견 오온 개공(照見 五蘊 皆空)"이라는
말씀은 관세음보살이 이 우주의 모든 것이 텅 빈 것, 환영,
허상이라는 것을 비추어 보시고라는 말이다.
그리고 나서 "도 일체고액(度 一切苦厄)", 즉 모든 고통을
건너셨다, 지나가셨다 라고 말하는 것이다.
즉 모든 것이 환영이고 허상(虛相)인데 고통이라고 하는 것
이 어디 있을 것이냐 하는 말씀이다. 그래서 앞에 인용한
말씀을 반복해서 부연 설명한 것이 "반야심경"의 내용이라
고 할 수 있다.

  이러한 공(空) 사상은 역시 대승불교의 주요 경전인 "금강
경(金剛經)"에서도 잘 드러난다.
"범소유상 개시허망 약견제상비상 즉견여래(凡所有相 皆是
虛妄 若見諸相非相 卽見如來)."
즉 모든 형상이 있는 것은 다 허망(虛妄)한 것이다라고 깨
달아 아는 사람이 바로 부처다 라고 하는 뜻이다.

또한 금강경의 마지막 게송에서 "일체유위법 여몽환포영 여로역여전 응작여시관(一切有爲法 如夢幻泡影 如露亦如電 應作如是觀)"이라는 말씀을 하고 계시다. 이 말은 모든 형상이 있는 것, 즉 이 우주의 모든 것은 꿈이요, 환영이요, 그림자요, 이슬이요 또한 번개와 같다는 말씀이다.

이와 같이 불교는 공(空) 사상을 강조한다. 그러면 이러한 공(空) 사상이 실제 수행, 깨달음의 세계에서는 어떻게 작용하는지 간략히 살펴보자.
궁극의 진리라는 것이 무엇일까? 우주의 근원, 우주의 절대적 존재가 바로 나의 진짜 모습, 즉 참나, 진아(眞我)라는 말씀일 것이다. 즉, 이 말은 우주의 근원을 깨닫는 것이 참 나를 아는 것이요, 참 나를 아는 것이 우주의 절대자를 아는 것이라는 뜻이다. 수행(修行)을 해서 이것을 깨닫는 것이 궁극의 깨달음이라고 할 수 있겠다.

그러면 이런 깨달음을 얻기 위해서 왜 "공(空)"이 필요할까?
공(空)에도 얕은 공(淺空)이 있고 깊은 공(深空)이 있다. 얕은 공은 나와 이 우주가 본질적으로 텅 빈 것이라는 것을 처음으로 깨닫는 것이고, 깊은 공은 이러한 공(空)을 점점 더 깊이 닦아서 공과 일체화가 되어가는 정도를 말한다. 이러한 깨달음을 이루기 위해서 공에 들어가는 것이 중요하다고 할 수 있을 것이다. 이상에서 살펴본 바와 같이 이론과 실제 깨달음을 위해서도 불교의 "공(空)"사상을 고찰해 보는 것이 중요하다고 할 것이다.